LA POLITIQUE FÉDÉRALISTE

DU MÊME AUTEUR

La Revue périgourdine (1903-1904).

Enquête périgourdine sur la Monarchie, avec une préface de Charles Maurras, brochure in-8° de viii-55 pp.; Nouvelle Librairie Nationale, 0 fr. 60.

IL A ÉTÉ TIRÉ DE CET OUVRAGE :

Six exemplaires sur Vergé d'Arches numérotés.

HENRY CELLERIER

LA
POLITIQUE FÉDÉRALISTE

> Appelons l'attention des quelques gens qui pensent à quelque chose sur cette anomalie que le pays où le peuple prétend exercer la souveraineté n'est organisé qu'en pays conquis.
>
> Mis DE LA TOUR DU PIN LA CHARCE.

> Décentraliser = refaire une France.
>
> ANDRÉ BUFFET.

> C'est l'attente d'une France nouvelle qui nous tient tous en suspens.
>
> PIERRE FONCIN.

AVEC UN AVERTISSEMENT DE R. DE M.

NOUVELLE LIBRAIRIE NATIONALE

11, RUE DE MÉDICIS, PARIS

MCMXVI

Tous droits de reproduction, de traduction et d'adaptation réservés.

AVERTISSEMENT DE L'ÉDITEUR

Henry Cellerier, mobilisé dès le 3 août 1914, nous a remis le bon à tirer de la *Politique fédéraliste* la veille même de son départ : il nous chargeait de le publier s'il ne revenait pas.

Nous ne savons rien de lui depuis la fin de septembre 1914. Nous espérons malgré ce silence. Nous attendons notre ami. Mais, dans ce temps où les Français se préoccupent de la réorganisation de la France, nous ne voulons pas attendre plus longtemps pour leur présenter la pensée de Cellerier. Nous avons considéré qu'il était de notre devoir de la publier, et nous avons prié le meilleur ami de Cellerier, celui-là même à qui il soumettait les chapitres de son ouvrage, au cours de leur rédaction, de revoir une dernière fois, avant l'impression, le livre de notre ami commun.

Nous avons pensé accomplir le vœu de Cellerier, qui avait une entière confiance dans la science et le jugement de R. de M., pour qui il avait une chaude amitié, pleine de ce respect accordé à ceux qui sont reconnus comme les guides spirituels et les maîtres de leur propre génération.

QUE VOUS SOYEZ TOMBÉ POUR LA BELLE FRANCE
QUE VOUS VOULIEZ PLUS BELLE,
OU QUE VOUS SOYEZ RETENU PAR LES BARBARES,
CELLERIER,
VOICI VOTRE PENSÉE PUBLIÉE POUR LE BIEN DU PAYS
QUE VOUS FUTES UN DES PREMIERS A DÉFENDRE
AU PREMIER CHOC.
EN LA PRÉSENTANT AUX FRANÇAIS
VOS CAMARADES, VOS AMIS
SALUENT LE DÉFENSEUR DES LIBERTÉS PROVINCIALES
LE COMBATTANT DE LORRAINE ET DE PICARDIE
L'UN DE CEUX QUI BRISÈRENT LE PREMIER ÉLAN
DE LA HORDE GERMANIQUE.

Août 1916.   V.

AVERTISSEMENT

A la fin de juillet 1914, l'ouvrage que nous publions aujourd'hui était presque achevé et, avant de partir le deuxième jour de la mobilisation, Henry Cellerier put donner un bon à tirer hâtif, mais qui n'était prématuré que pour les tout derniers chapitres.

Depuis plus d'un an et demi, les choses sont restées en cet état.

Parti des premiers, comme nous venons de le dire, Cellerier a disparu depuis le 27 septembre 1914. Les circonstances qui entourèrent sa disparition ont été racontées dans *l'Action française*, d'après une lettre écrite à Charles Maurras par le colonel de son régiment. Rien dans ces circonstances ne nous permet d'affirmer qu'il est vivant, mais rien non plus ne nous permet d'affirmer qu'il est mort. Nous avons déjà vu tomber, les trois quarts des hommes que nous connaissions, et chaque jour les deuils s'ajoutent aux deuils. Nous voulons espérer que nous ne serons pas obligé d'ajouter à cette longue liste funèbre le nom d'un ami que nous avons vu plein de vie, qui a rendu à la cause que nous servons de longs et importants services et que nous savions devoir en rendre encore de très grands.

D'ailleurs, l'espérance que nous maintenons dans notre incertitude n'est pas vaine, car les journaux nous apprennent fréquemment que tel ou tel, disparu depuis le début de la guerre, vient seulement de parvenir à communiquer avec les siens et nous savons qu'un grand nombre de prisonniers français en Allemagne ont été empêchés jusqu'à présent de donner de leurs nouvelles.

Ces conditions particulières nous imposaient notre devoir à l'égard de ce livre et à l'égard d'Henry Cellerier lui-même. Il n'y a rien de plus délicat que d'éditer et de compléter un livre posthume, car il faut respecter la pensée d'un mort et la respecter et la compléter comme il eût voulu qu'elle le fût; il nous faut ici respecter la pensée d'un absent que nous supposons aux mains de l'ennemi et mis au secret par lui, et ce n'est certes pas un devoir moins sacré, mais il nous faut en plus réserver l'avenir. Je veux dire que je dois non seulement m'abstenir de substituer ma pensée à celle de Cellerier pour les quelques nuances en quoi elles pourraient différer, mais aussi laisser la place libre pour les compléments que l'auteur, revenu parmi nous, devrait ajouter à son livre après la leçon des événements actuels.

Nous n'avons pas à expliquer l'origine et le but de ce livre ; la « lettre à Charles Maurras », écrite avec le cœur autant qu'avec l'intelligence, en dit plus long que tout ce que nous pourrions ajouter par surcroît. Faisons remarquer seulement la valeur actuelle de l'œuvre de Cellerier.

La vérité politique est la même dans la guerre comme dans la paix, mais elle reçoit de la guerre une éclatante confirmation et ses éléments les plus petits en sont éclairés. Rien n'a vieilli dans cette *Politique Fédéraliste,* et nous n'avons pas même le droit de rejeter encore le chapitre où Cellerier nous montre les politiciens s'appliquant à diminuer la décentralisation comme ils diminuent toute chose et la réduisant à leur taille, pour n'y plus voir qu'une question de division de circonscriptions et de quotient électoral.

Mais tous les Français ont constaté, par contre, le dommage qui résultait pour nous de l'absence de corps particuliers capables de soutenir la vie de la terre et la vie commerciale du pays, tandis que l'Etat en soutiendrait l'effort extérieur. On voit aussi l'extraordinaire effort fourni par la monarchie fédérale que nous combattons, où il ne paraît y avoir tant de corps, tant de *Staaten,* de *Stænde,* de *Vereine* et de *Gemeinde,* que pour retirer de toutes les ressources de la nation une utilité plus grande. Enfin ce patriotisme provincial que l'on disait mort, on l'a vu ressusciter par l'effet des dispositions de nos lois militaires, et des hommes incorporés sous des matricules et de simples numéros de régiment se sont retrouvés Béarnais, Bretons, Normands ou Provençaux, sous le feu de l'ennemi, tirant de l'honneur particulier de leurs provinces de nouvelles raisons de mieux défendre la patrie commune.

Les exemples se pressent. Aucun des faits récents ne donne tort à Cellerier, mais tous apportent à son livre quelque appui nouveau et lui permettraient d'y ajouter de longs et substantiels compléments. Comme à la reconstruction de l'État sur ses bases normales, la guerre fournit en faveur de la restauration de nos provinces de nombreux et douloureux arguments.

Nous n'avons fait, quant à nous, que reviser le texte, et ajouter quelques additions principalement dans la dernière partie du livre qui était moins finie. Toutes ces additions, soit en note, soit dans le texte, ont été avec soin mises entre crochets ([ ]). Nous aurions été heureux d'ajouter quelques exemples à ceux fournis par l'auteur en ce qui concerne la politique helvétique qui nous a particulièrement intéressé, mais notre éloignement de toute bibliothèque ne nous permettant de rien avancer avec certitude, nous avons préféré nous abstenir.

Et maintenant puisse Cellerier venir lui-même donner une seconde édition de ce livre ! Puissions-nous, bientôt contribuer à lui ouvrir les portes des prisons de l'Allemagne ! C'est la double prière que nous adressons à Dieu de tout cœur.

R. M.

Janvier 1916.

A CHARLES MAURRAS

Mon cher Maître,

Votre nom est le premier que le lecteur doive trouver en ouvrant ce livre. Vous savez pourquoi. Sans votre enseignement, ou bien ces pages n'auraient jamais été écrites, ou bien elles auraient été conçues au rebours de ce qu'elles sont.

Ma pensée se reporte souvent à ce 9 janvier 1902 où j'eus le bonheur d'être autorisé à aller frapper à votre porte, dans une cour de la rue du Dragon. On m'excusera d'écrire des noms propres, puisque ce livre apporte un témoignage : c'est M. Charles Benoist qui avait eu la bonté de m'introduire auprès de vous. Notre conversation est restée gravée dans ma mémoire. Lorsque je remontai par le boulevard Saint-Germain vers le Panthéon, j'éprouvais avec force l'attirance de votre esprit lucide. Mais les jeunes gens d'aujourd'hui, qui ont l'avantage de pouvoir entrer de plain-pied dans la vérité politique aussi bien que littéraire, me comprendront mal si je dis que je vous en voulais de prétendre avoir raison contre à peu près tout le monde et contre la course même des choses. Est-ce que les lettres classiques n'étaient pas de belles mortes ? Est-ce que la Monarchie ne gisait pas sous les décombres d'où les institutions ne se relèvent plus ? Les découvertes illimitées du symbolisme, le devenir démocratique, telles étaient les puissances vivantes auxquelles les générations devaient se donner. Je lisais le Mercure *et la* Plume, *et j'appartenais à l'Association des Étudiants républicains nationalistes, où, d'ailleurs, je fréquentais de moins en moins, parce qu'en moi l'élément nationaliste cédait le pas de plus en plus à l'élément républicain.*

Engagé sur une idée fausse, un esprit logique va très loin. Quelques semaines plus tard, je me laissais embarquer dans une certaine Gazette du Quartier latin, *dont l'un des principaux rédacteurs était M. René Puaux, et le directeur M. Louis-Paul Alaux, actuellement correspondant du* Temps *à Constantinople. La République sortit triomphante des élections de mai. On assista à la débandade nationaliste. J'entends encore Olivier de la Fayette, le poète du* Rêve des jours *et de la* Montée, *me dire, un matin du mois de décembre :*

— Avouez-le, l'affaire Dreyfus recommencerait, vous seriez avec nous ?

— ...

Ce délicieux esprit était, comme Anatole France, dreyfusard. L'hésitation que j'eus à répondre m'éclaira tristement sur le chemin que je venais de parcourir en quelques saisons ! Mon cher Maître, il y a dans le sang de notre honnête bourgeoisie provinciale des vertus capables d'arrêter tous les entraînements. La direction où je filais m'effraya. J'en étais, aussi, humilié. Ma formation catholique et patriote n'était pas sans opposer de vives résistances. Une diversion se présenta heureusement. Dans mon désarroi politique, je remis à plus tard de prendre parti et je fondai la Revue périgourdine, « *revue de décentralisation* ». *En toute hypothèse, la décentralisation m'apparaissait, d'évidence, un terrain sûr, où je pouvais avancer. Je m'y cantonnai pour le moment, avec une obstination cartésienne.*

Vous ne fûtes pas de mes collaborateurs. Le désirais-je bien ? Vous êtes si compromettant ! Mais Paul-Boncour en était. Le premier numéro de la Revue périgourdine *est du 3 mars 1903 ; le 15 avril, Boncour publiait à* la Renaissance latine *son article sur* le Régionalisme, *auquel vous répondiez dans* la Gazette de France *des 30 et 31 juillet. C'est par hasard que je connus votre réponse. Non pas même dans son texte. Simplement le fait. Au mois d'août, je visitais le Midi. Reçu par Marc Lafargue à Toulouse et Saint-Simon, un soir que nous goûtions la paix fraîche de l'heure, assis à la terrasse de l'Albrighi, nous fûmes rejoints par Charles Bellet, directeur de* la Revue provinciale, *et Marc Frayssinet, aujourd'hui député de Castelsarrasin. Je ne sais plus lequel de mes compagnons parla de vos articles et en vanta la force dialectique, tout en se refusant aux conclusions. (L'idée du Débat nouveau est peut-être née de cette conversation fugitive.) Le lendemain, j'arrivais à Sos, chez Emmanuel*

Delbousquet. Le fondateur de l'Effort, *le romancier du* Mazareilh, *de* l'Ecarteur, *de* Miguette, *était encore tout empêtré d'anarchisme. Et cependant je le trouvai plein de votre œuvre, obsédé de votre pensée.*

— *Avez-vous lu* l'Enquête ?

La jument rouge courait de son trot endiablé sur la route sablonneuse bordée de chênes. Lui, tournait et retournait vers moi sa figure nerveuse au regard de feu :

— *Oh ! lisez, lisez* l'Enquête !

Huit semaines plus tard, mon cher Maître, j'entrai à la caserne. C'est là que j'ai lu enfin votre Enquête sur la Monarchie *et vos deux articles de la* Gazette de France *en réponse à Paul-Boncour. Le passage où Buffet explique qu'un régime électif ne saurait décentraliser fut pour ma raison une coulée de lumière. Et moi aussi, comme tant d'autres, je connus en rien de temps, selon le mot admirable que nous écrivait l'autre jour un de nos amis, « la joie de me mouvoir dans l'Incontestable »... L'esprit républicain était exorcisé.*

Durant trois années, de fin 1904 à 1907, pris par des besognes matérielles, je ne pus, malgré mon vif désir, m'occuper de faire partager à d'autres cette joie. Mais je demeurai attentif aux manifestations de la vie régionaliste. L'arrivée de Clemenceau au pouvoir piqua au vif ma curiosité. Le Bleu de Vendée allait-il nous jouer le tour de décentraliser, comme il s'en flattait ? Il proteste, dans l'Homme libre, *qu'il fit ce qu'il put. Le fait est donc qu'il ne put rien. Le fait est que son ministère se solde par un indéniable apport centralisateur.*

Fin 1907, commencement 1908, je menai la petite Enquête périgourdine, *ce qui était bien du régionalisme en action. En 1910, lorsque le* Nouvelliste de Bordeaux *me fit le grand honneur de me demander ma collaboration hebdomadaire, je n'eus rien de plus pressé que de lui donner une série d'articles sur le Régionalisme.*

Ces articles constituent une bonne moitié du volume que je publie aujourd'hui. Il ont été réunis et livrés à l'impression dès l'automne de 1910. Ils sont restés sur le marbre près de quatre ans. Pourquoi ? Il n'y a qu'à se rappeler les prétentions qu'affichait alors le gouvernement de la République. Dans ses déclarations ministérielles, à la Chambre, à Périgueux, à Saint-Chamond, à la salle Saint-Didier, Briand ne cessait d'affirmer le besoin de redonner de la vie à l'administration, en allégeant le fardeau qui l'accable ; il était même question de créer des régions administratives. Ensuite est venu le ministère Poincaré, par qui ces hautes ambitions ne firent que croître et embellir. Vous savez que le président de la République a « découvert », au mois de septembre dernier, nos provinces du Limousin, du Périgord, du Quercy. C'est, du moins, ce qu'écrivit M. Henry de Jouvenel au Matin *du 17 septembre. On éprouve quelque pitié à reproduire, à si peu de distance, l'expression de cette flatterie ou de ces illusions grossières. Si encore la leçon des événements devait servir !*

Pour moi, je ne regrette point d'avoir retardé la publication de ce livre. On n'y trouvera pas seulement la trace d'une expérience personnelle, ce qui serait peu, étant sujet à toutes les contestations. On y trouvera la transcription, pour ainsi dire impersonnelle, automatique, des faits qui représentent l'expérience du Pays lui-même.

Tant que la République ne s'était pas résolument attaquée à l'entreprise, elle bénéficiait du doute. Ce qu'à tort ou à raison elle n'avait pas estimé bon de faire jusque-là, elle le ferait un jour, à son heure, au gré des circonstances. Or cet argument n'est plus possible. Elle a essayé, et elle a échoué. Elle a essayé dans des conditions infiniment privilégiées, alors que tout — la trêve des partis, la confiance nationale, le concours enthousiaste du pays ému d'un grand affront — alors que tout, dis-je, soutenait, fortifiait, poussait en avant ceux qui l'incarnaient à cette heure. Elle a échoué d'un bout à l'autre, sans maintenir les positions,

*Cependant, Georges de Grèce décentralisait avec Venizelos, Alphonse XIII avec Maura, puis Dato, Albert I*er *avec Broqueville. Mais nous, comme le navire d'Horace, nous voilà remportés par la houle.*

Mon cher Maître,

Je n'ai pas l'immodestie de me figurer que ces pages puissent, en rien, tenir lieu de la Politique provençale à laquelle je sais que vous songez. Telles quelles, et en attendant que la vie d'airain que le destin vous contraint de mener vous ait ménagé les instants de loisir nécessaires à la publication de cette œuvre irremplaçable, il me semble qu'elles présentent pourtant une utilité. Participant à la fois du répertoire et du traité, elles constituent une espèce de manuel que nos amis auront fréquemment intérêt à consulter. D'autre part, il n'est pas impossible que des lecteurs étrangers à nos préoccupations y rencontrent le germe de réflexions salutaires. Vous nous avez appris à ne rien négliger de ce qui peut servir. C'est la pensée qui m'a guidé en écrivant ce livre, dont je vous demande la permission de vous offrir l'hommage reconnaissant.

H. C.

12 avril 1914.

BIBLIOGRAPHIE

Les ouvrages que j'ai mis le plus largement à contribution sont (avec *l'Enquête sur la Monarchie*) *l'Idée de la Décentralisation* et *Un Débat nouveau sur la République et la Décentralisation*, de Charles Maurras. On remarquera même que mon étude, comme économie générale, cherche à combiner ces deux travaux, dont la publication remonte malheureusement : celui-ci à 1904, celui-là à 1898, et dont, au surplus, le second, le *Débat nouveau*, est épuisé depuis plusieurs années.

Les *Aphorismes de Politique sociale* et *Vers un ordre social chrétien*, du marquis de la Tour du Pin, ouvrent sur le sujet quelques-unes des vues les plus centrales, les plus hautes, les plus nettes.

J'ai beaucoup cité le petit livre de M. Jules d'Auriac sur *la France d'aujourd'hui et la France de demain* (Berger-Levrault, Paris 1908), parce que le témoignage qui s'en dégage emprunte une force particulière à la double qualité de l'auteur : un républicain haut fonctionnaire du régime, et, *secundo*, « un professionnel qui a fait une belle carrière administrative; qui, par conséquent, ne parle pas en théoricien, mais bien d'après son expérience pratique et ses observations personnelles » *(Dépêche de Toulouse)*.

J'ai aussi beaucoup cité l'ouvrage de M. Paul Deschanel, *la Décentralisation* (Berger-Levrault, 1895), bourré d'aveux singulièrement instructifs.

J'indiquerai encore, parmi les sources où j'ai puisé plus ou moins abondamment :

L'Action française bi mensuelle, mensuelle, quotidienne,

en particulier la « Revue de la Presse » de Criton, qui, depuis le 21 mars 1908, retient au jour le jour l'essentiel de tout ce qui se publie d'important ;

L'*Officiel*,
Le *Temps*,
L'*Action régionaliste*,
La *Réforme sociale*,
La *Revue catholique des Institutions et du Droit*,
La *Revue critique des Idées et des Livres*,
La *Revue politique et parlementaire* ;

Divers Rapports parlementaires, surtout celui de M. PAUL MEUNIER « sur la proposition de loi tendant à l'application à la ville de Paris de la loi sur l'organisation municipale et au département de la Seine de la loi relative aux Conseils généraux » ;

Les *Tendances de la législation sur l'organisation administrative depuis un quart de siècle*, par M. JOSEPH BARTHÉLEMY, dans la *Revue du Droit public et de la Science politique*, janvier-février-mars 1909 ;

Les *Pays de France*, de PIERRE FONCIN, une brochure, Colin, 1898 ;

Les *Régions et Pays*, du même, une brochure, 1902 ;

Le *Régionalisme*, de J. CHARLES-BRUN, un vol., Bloud, 1911 ;

Vers le *Régionalisme intégral*, de JOSEPH ANGOT, une brochure in-8°, Nouvelle Librairie nationale, 1912 ;

L'*Idée régionaliste*, de JEAN AMADE, Perpignan, 1912 ;

Les *Provinces de la France*, du vicomte DE ROMANET, un volume in-8°, Nouvelle Librairie nationale, 1913 ;

Les *Provinces au XVIII° siècle et leur division en départements*, essai sur la formation de l'unité française, de CHARLES BERLET, un volume in-8° carré, Bloud et C¹ᵉ, 1913.

On trouvera, en outre, soit dans le corps du discours, soit au bas des pages, beaucoup d'autres références qui pourront être utiles aux personnes désireuses d'approfondir telle ou telle question de détail.

LA POLITIQUE FÉDÉRALISTE

I

L'ANCIEN RÉGIME
ET LA RÉVOLUTION

En 1789, la France approchait de ses limites naturelles, qui sont en quelque sorte, et pour parler avec les mathématiciens, la « limite » de sa perfection territoriale.

La France est ainsi faite qu'elle ne peut s'étendre démesurément. Bornée par la nature à un espace de tous côtés strictement défini, elle a l'obligation vitale de s'opposer sans relâche à la formation de trop grands États autour d'elle ou, s'ils ont réussi, malgré ses efforts, à se constituer, de chercher à les ramener, coûte que coûte, à des proportions moins dangereuses pour sa propre sécurité.

Ce fut la politique constante de nos rois : progresser vers les Pyrénées, les Alpes et le Rhin ; en même temps, diviser le Saint-Empire, abaisser la Maison d'Autriche. Comme toutes les volontés humaines, cette politique séculaire subit des sorts alternés. Mais, après chaque revers sérieux, la France remportait des victoires plus grandes, qui la rapprochaient toujours davantage de l'objet du dessein capétien.

En 1766, Louis XV avait acquis la Lorraine, ce contrefort de l'Alsace, ce « bastion de l'Est », et en 1769 il nous avait donné la Corse comme une sentinelle avancée sur la Méditerranée. Avec Louis XVI, nos armées et notre diplomatie venaient de replacer la France au premier rang. Nous étions en pleine paix victorieuse.

A l'intérieur, les groupements sociaux demeuraient vigoureux ; la vie terrienne, moins robuste sans doute qu'au début du xvie siècle, avait gardé de solides racines, et l'on doit même convenir qu'elle se fortifiait. De bons esprits se rendaient compte de l'état fâcheux où l'agriculture était descendue, depuis que les hautes classes avaient déserté les champs. « C'est l'époque, écrit M. Pierre de Vaissière, où, lasse de la vie apprêtée, sèche, artificielle, toute de convention et de représentation qu'est la vie de cour, fatiguée des exigences de l'étiquette, excédée de la tyrannie de la mode, la société française revient à la nature, se prend à admirer la campagne, affiche le plus vif enthousiasme pour la simplicité des mœurs rustiques, fait montre à tout propos de l'intérêt qu'elle porte aux villageois ; c'est l'époque où l'on voit de grands seigneurs vêtus à la Franklin, en gros drap, avec un bâton noueux et des souliers épais ; c'est l'époque où le beau monde, dégoûté d'une cuisine savante, ne demande plus que du lait et du pain bis ; c'est l'époque où la reine de France rêve de mener à Trianon la vie d'une dame de campagne [1]. » Qu'il y eût dans tout cela un peu de factice et même, comme nous disons aujourd'hui, un peu de pose, on ne saurait le nier. Mais on ne saurait nier non plus que, sous l'artifice de la mode, ne s'opérât un très réel « retour à la terre ». Il advient ainsi que le frivole profite au

1. *Gentilshommes campagnards de l'Ancienne France*, p. 408.

sérieux et que la politique bénéficie de l'engouement. « Les plus grands seigneurs, écrit encore M. de Vaissière, le duc d'Harcourt, le duc de la Rochefoucauld, se font gloire de revenir à l'agriculture et s'appliquent à jouer aux gentilshommes campagnards. Chaque année, ils vont passer quelques mois dans leurs terres, se livrant aux expériences, surveillant de près leurs régisseurs, tenant leurs comptes, s'informant de l'état moral et matériel de leurs paysans, et pensant donner ainsi à tous le plus bel exemple. Sous leur patronage, se fondent, dans les provinces, des Sociétés d'Agriculture, qu'ils se font gloire de présider, ou aux réunions desquelles ils assistent avec une assiduité touchante. Sur les prospectus de ces sociétés, ils sont heureux de voir leurs noms figurer non seulement à côté de ceux de petits gentilshommes des environs, mais même à côté de ceux de simples cultivateurs... C'était bien la réhabilitation qui venait enfin pour l'agriculture [1]. »

L'activité française refluant de Versailles et de Paris dans les provinces, et des villes

---

1. *Ibid*, p. 412-413.

dans les campagnes, un besoin senti de réorganisation locale devait s'ensuivre. Telle est, en effet, la caractéristique des années pré-révolutionnaires : la France aspirait à recouvrer la plénitude de ses libertés intérieures. Les anciens pays d'États réclamaient le rétablissement de ces États, les villes libres la restauration de leurs privilèges. Les Cahiers sont à cet égard très significatifs.

Or, Louis XVI se prêtait à la réalisation de ces vœux. Ses ministres étaient entrés de bonne heure dans la voie des réformes. On peut l'affirmer : sans la Révolution, qui est venue briser net le mouvement, ou plutôt le retourner contre lui-même, le pays allait recevoir, avec plus ou moins de rapidité, plus ou moins d'ensemble, la réorganisation qu'il réclamait et dont il avait besoin. Affirmation gratuite, dira-t-on. Non. Le mouvement avait subi un commencement d'exécution, il était un fait [1]. Les Assemblées provinciales ne

---

1. Cf. les *Tendances unitaires et provincialistes en France à la fin du XVIIIe siècle*, par M. Charles Berlet (Nancy, Imprimeries réunies). Cette thèse de doctorat forme la première partie de l'ouvrage indiqué plus loin : *les Provinces au XVIIIe siècle et leur division en départements*.

sont pas une fable, elles ont bien fonctionné [1] ; les États de Dauphiné non plus, ils se sont bien tenus en la ville de Romans, en 1788. Il n'y avait qu'à laisser faire [2].

Et d'ailleurs la centralisation administrative et sociale était-elle donc si terriblement avancée ? Qu'on réfléchisse à tout ce qui restait de pouvoirs administratifs aux pays d'États. Cela faisait un tiers de la France ! Mais les pays d'élections eux-mêmes avaient conservé des libertés extrêmement étendues. On lit dans un rapport que M. Gustave Fagniez a rédigé pour l'Académie des Sciences morales et politiques, sur les candidats au prix Paul Perret de 1908 :

> En affirmant qu'avec Richelieu et Louis XIV la Monarchie est devenue absolue, l'auteur n'a

---

1. Cf. *les Assemblées provinciales sous Louis XVI*, par Léonce de Lavergne, Paris 1863.
2. M. Joseph Barthélemy : « Louis XVI, volontairement ou par l'impérieuse nécessité des circonstances, peu nous importe, avait commencé de desserrer progressivement le lien étroit qu'avaient noué ses ancêtres. La France ne voulut pas se contenter de concessions progressives ; elle voulut tout de suite toute la liberté. Cela l'a conduite, dix ans après, au despotisme. Les divers régimes qui ont suivi la centralisation napoléonienne ont repris en somme à son égard la procédure que Louis XVI avait engagée contre la centralisation de Louis XIV. » (*Revue du droit public et de la science juridique*, janvier-mars 1909, p. 152.)

fait qu'adopter une opinion générale. Il ne paraît pourtant pas avoir été bien sûr que cette opinion fût aussi bien établie que répandue, car il est revenu à deux reprises, pour l'atténuer, sur l'adhésion qu'il lui a donnée. Louons-le encore de ces hésitations. Des autonomies locales et professionnelles dont on fait à l'ancienne France un mérite ou un reproche, il faut admettre qu'il subsistait encore de beaux restes à la veille de la Révolution, si l'on en croit certains témoignages et, pour n'en citer qu'un, celui du personnage le plus grave et du témoin le plus autorisé, puisque, ayant vécu sous l'ancien et le nouveau régimes, il était, par expérience, très en mesure de les comparer. « Nous avons vu, écrivait Royer-Collard en 1822, la vieille société périr et avec elle une foule d'institutions domestiques et de magistratures indépendantes qu'elle portait dans son sein. Faisceaux jouissant de droits privés, *vraies républiques*[1] *dans la Monarchie*, ces institutions, ces magistratures ne partageaient pas, il est vrai, la souveraineté, mais elles lui opposaient pourtant des limites que l'honneur défendait avec opiniâtreté. Pas une n'a survécu et nulle autre ne s'est élevée à leur place. La Révolution n'a laissé debout que des individus ; la dictature qui l'a terminée a consommé sous ce rapport son ouvrage. » Qu'est-ce à dire ? Faut-il abandonner la thèse

---

1. Voir appendice IV.

consacrée de la centralisation administrative de l'ancien régime ? Nous ne demandons pas qu'on aille jusque-là, mais peut-être, du moins, faut-il se demander, faut-il rechercher si bien des libertés locales, familiales et professionnelles n'échappaient pas aux mailles, plus ou moins resserrées, de cette administration.

Au moins trois importants services échappèrent toujours à ses mailles débonnaires : la justice, l'assistance et l'enseignement. Ni l'enseignement, ni l'assistance, ni la justice ne sont aujourd'hui autonomes ; par le préfet ou par le ministre, l'État y règne en maître — en maître « absolu »[1].

Quoi que l'on imagine qu'il serait advenu du mouvement de décentralisation inauguré sous Louis XVI, on est donc obligé, en s'en tenant à ce qui fut, de reconnaître que la

---

1. M. Henri Rouzaud s'est attaché à montrer, en raisonnant sur des faits précis et concrets, tout ce que les Français ont perdu en fait d'autonomie à la Révolution de 89. On consultera avec profit ses belles études de *l'Action française* quotidienne, du *Midi royaliste*, de la *Revue critique des Idées et des Livres*, et aussi *l'Autonomie du Languedoc à la veille de la Révolution* » dans la *Revue catholique des institutions et du droit* de décembre 1912. A l'autre bout de la France, M. J. Chavanon a tracé un instructif parallèle entre les États d'Artois et le Conseil général du Pas-de-Calais, étude insérée dans *l'Action française* mensuelle du 15 juin 1909.

Monarchie a coïncidé jusqu'à la fin avec une masse énorme de libertés. La royauté française fut toujours décentralisée.

Mais ce n'est pas assez dire. Elle fut toujours décentralisatrice. Nous ne songeons point à escamoter les mesures de centralisation qu'il lui arriva de prendre. Il faudrait voir seulement si telles de ces mesures, plus ou moins justifiées, ne tombèrent pas rapidement en désuétude ; si telles autres n'étaient pas nécessaires. « La décentralisation n'est pas Dieu ! » s'écriait un jour Maurras. Elle n'est pas le critérium suprême, un principe intangible devant lequel tout doive être sacrifié[1]. Ç'a pu être le devoir de Richelieu, de Louis XIV

---

1. « Il est certes déraisonnable de penser que la décentralisation est une sorte de panacée, et que le progrès politique est d'autant plus grand qu'elle-même est poussée plus loin en toute matière. » (Louis Le Fur, *la Protection juridictionnelle des Franchises locales*, Berger-Levrault, Paris 1911.)

Et M. Joseph Barthélemy : « On ne peut pas dire *in abstracto* qu'on est pour la Décentralisation... On ne peut pas dire d'une façon générale qu'il faut se chauffer : il faut se chauffer quand on a froid, et se rafraîchir quand on a chaud. Le but à poursuivre, c'est la température convenable. On le poursuit avec des tâtonnements, en se rapprochant du foyer, en s'en éloignant, en l'activant, en le modérant. De même, le problème de la Décentralisation consiste à trouver entre les deux extrêmes, le despotisme et l'anarchie, cette moyenne, qui est l'ordre. » (*Op. cit.* p. 151.)

et de tous nos rois, de centraliser en des circonstances données. Telles circonstances peuvent amener le Pouvoir à « suspendre les garanties », comme dit le jargon juriste moderne. Mais, ces garanties naturelles et légitimes, s'il arrive que la Monarchie les *suspende*, le propre de la République n'est-il pas de les *abolir ?* Sous la Monarchie, les circonstances qui ont occasionné la mesure restrictive disparaissant, la liberté, retenue, non détruite, peut rentrer en vigueur.

Si nous reconnaissons loyalement les mesures centralisatrices prises par la Monarchie, sous la réserve qu'on voudra bien examiner leur légitimité au lieu de les imputer à crime, aveuglément, soit à la personne de leurs auteurs soit au régime, il serait simplement honnête de reconnaître en retour les actes de décentralisation qui se rencontrent à chaque page de la Monarchie française, pendant la période dite absolue comme à l'époque tempérée. « Par exemple, toutes les fois que le roi créait un privilège, il suffit de réfléchir un instant pour s'apercevoir qu'il faisait, *ipso facto,* de la décentralisation ; il bornait son pouvoir, il créait un pouvoir autonome nouveau. Le fait d'anoblir une famille constituait dans l'État, face à la force monarchique, une Puissance légale émanant de lui, mais distincte de lui, pareillement capable de l'appuyer et de lui résister, de le servir et de le limiter, tout ensemble. A voir ce qui se passait de la sorte, on se rend compte que le principe constitutif de la Monarchie faisait naturellement place à un élément de décentralisation [1]. »

Malheureusement la Révolution est donc venue. On sait comment elle a tourné : exactement à l'encontre de ses promesses [2]. Au 4 août,

1. Pierre Garnier, *l'Action française*, 11 octobre 1909.
2. Foncin, *les Pays de France*, p. 18 et p. 20 : « A la veille de la Révolution, il semble que l'opinion publique réclamât trois choses : la suppression des intendants ; celle des assemblées provinciales récemment instituées, qui paraissaient une concession insuffisante... ; enfin l'extension à tout le royaume des États provinciaux... La Constituante..., se heurtant à des résistances locales et provinciales qu'elle n'avait pas prévues, adopta bientôt une politique assez *contraire* aux vœux primitifs de ses commettants... La Constituante fut peu à peu entraînée ».
Lefebvre Saint-Ogan, *Correspondant*, 10 novembre 1912 : « Comment des institutions acclamées en 1787 et en 1789 furent-elles proscrites en 1790 ? Les grandes réunions politiques, comme les foules de la rue, sont sujettes à des entraînements qui suffisent à expliquer ce phénomène... Le serment du Jeu de Paume a tout perdu. Une exaltation passagère fit dévier les États généraux de leur mission. Les mandataires, trahissant leur mandat, ont substitué leur volonté individuelle à celle du peuple français et se sont

les villes abdiquèrent leurs privilèges ; en décembre 1789 et février-mars 1790, les provinces furent supprimées, et leurs territoires, découpés, convertis en départements ; au mois de juin 1791, la loi Le Chapelier proclama l' « anéantissement de toutes espèces de corporations ».

Ces trois ordres de destructions étaient conformes à l'idéologie des Droits de l'Homme : l'État et l'individu ; les citoyens libres et égaux ; la loi expression de la volonté générale.

C'est Sieyès qui réclama la formation d'un comité chargé de présenter un plan de division « tel qu'on puisse espérer de ne pas voir le royaume se déchirer en une multitude de petits États sous forme républicaine [1] et qu'au contraire la France puisse former un seul tout soumis *uniformément* dans *toutes* ses parties à une législation et à une administration *communes* ». De son côté, Duport déclarait que

---

rendus maîtres du dépôt dont la conservation leur avait été confiée. Agents infidèles, ils ont exproprié à la fois la royauté et la nation envers lesquelles ils étaient comptables ; ils les ont expropriées à leur profit comme faction, au profit de toutes les factions qui sont nées de ce premier abus de confiance. »

1. Voir appendice IV.

« la division de la France en carrés à peu près égaux serait la plus belle et la plus utile des opérations ». Le 29 septembre 1789, Thouret présenta, au nom du Comité de constitution, un projet de division qui vint en discussion le 3 novembre. Écoutons-le :

La France serait partagée en 80 grandes parties qui porteraient le nom de départements.

Chaque département serait d'environ 324 lieues carrées ou de 18 lieues sur 18. On procéderait à cette division *en partant de Paris comme du centre*, et en s'éloignant ensuite de toutes parts jusqu'aux frontières...

Chaque département serait divisé en 9 districts sous le titre de communes, chacune de 36 lieues carrées et de 6 lieues sur 6. Ces communes seraient les véritables unités ou éléments politiques de l'empire français. Il y en aurait en tout 720.

Chaque commune serait subdivisée en 9 fractions *invariables* par le partage de son territoire en 9 cantons de 4 lieues carrées ou de 2 lieues sur 2 ; ce qui donnerait en tout 6.480 cantons.

Thouret ajoutait la « preuve », comme on dit en arithmétique :

La France contient environ 26.000 lieues carrées; or, 80 départements de 324 lieues carrées,

720 communes de 36 lieues carrées, 6.480 cantons de 4 lieues carrées, chacune de ces divisions remplit les 26.000 lieues du royaume.

Pas d'erreur d'opération : adopté !

On demeure confondu devant une telle aberration. Il y a pour les enfants des jeux de patience qui représentent des paysages découpés en carrés réguliers ; tel est le damier rêvé par le Comité de constitution. Idéocrates perdus dans leur rêve géométrique[1] et qui ne voient pas que, là-bas, la Méditerranée et l'Océan ont capricieusement frangé le rivage; qu'à travers le royaume vagabondent des fleuves indociles à la ligne droite ; qu'ici c'est la plaine égalitaire, mais que là c'est le coteau bourgeois, plus loin la montagne aristocratique ; que sur tel sol pauvre la plante humaine pousse rare, mais qu'à côté, dans une terre grasse, elle se multiplie à se toucher. Ils opèrent comme en plein Sahara, alors que le royaume — « le plus beau royaume qui soit sous le ciel » — est le plus accidenté, le

---

1. Au chapitre II (p. 52 et suiv.), on verra que, sous Poincaré, les fils des Grands Ancêtres sont tombés de ce rêve géométrique dans la simple arithmétique électorale.

plus varié... Folie pure [1] Pour instaurer une société nouvelle, on a beau proclamer : « Nous datons d'aujourd'hui, nous sommes égaux », on n'empêche pas la nature millénaire de nous avoir pétris diversement, et l'on ne décrète que du papier.

Tout de même, l'Assemblée constituante finit par s'apercevoir que le « plan de division par carrés », comme on l'appela, était inexécutable. Elle s'en tint à une méthode moins tranchante. Le 11 novembre, elle décida que le nombre des départements serait de 75 à 85, et, le 22 décembre, que chaque département serait divisé en districts, chaque district en cantons d'environ 4 lieues.

Il n'y a qu'à jeter les yeux successivement sur la carte de l'ancienne France et sur la carte de la France actuelle pour se rendre compte de l'arbitraire qui présida à l'établissement de ces prétendues « subdivisions des provinces ». A peu près partout, les provin-

---

1. Voir dans *Anthinea* (p. 222-224 de la nouvelle édition, à partir de : « Bien que tout soit fait de limon... ») une admirable page sur l'inégalité de la nature physique et la fonction des hauteurs. Voir aussi, à la Revue de la Presse de *l'Action française* du 4 février 1913, des Stances sur l'inégalité des personnes et des biens.

ces ont été violentées, dépecées ; beaucoup de *pays* ont été pareillement fractionnés, puis accouplés par morceaux, sans égard pour leur passé, leur caractère physique, ni leur âme [1].

« Le département de l'Aisne, par exemple,

[1]. Voir l'ouvrage, un peu superficiel, du comte de Luçay l'article du baron Angot des Rotours, *Les départements ont-ils détruit les provinces ?* à la *Revue hebdomadaire* du 5 août 1911 ; l'ouvrage capital du V¹ᵉ de Romanet, *les Provinces de la France* (Nouvelle Librairie nationale, 1913) ; la lumineuse étude du V¹ᵉ de Croy, *l'Idée de province sous l'Ancien Régime*, dans *l'Action française* (mensuelle) des 15 juillet et 15 octobre 1908, et le gros livre de M. Charles Berlet, *les Provinces au XVIIIᵉ siècle et leur division en départements*, à la Bibliothèque régionaliste, Bloud et Cⁱᵉ Paris 1914.

On sait qu'une certaine école s'est mise à défendre sur ce point l'œuvre de la Constituante : Armand Brette, *les Limites et les Divisions territoriales de la France en 1789*, Paris, Cornély, 1908 ; Alphonse Aulard, *Départements et Régionalisme*, à la *Grande Revue* du 10 septembre 1912 (article reproduit dans la septième série des *Études et Leçons sur la Révolution française*, Alcan, 1913) ; Camille Bloch, *la Nouvelle Formation territoriale de la France en 1789*, dans l'ouvrage en collaboration intitulé : *les Divisions régionales de la France*, Alcan, 1913.

Plusieurs monographies très instructives ont été publiées : telles celle de Fr. Mège, sur *la Formation du département du Puy-de-Dôme*, dans le tome XV des *Mémoires de l'Académie des Sciences, Belles-Lettres et Arts de Clermont-Ferrand*, 1873 ; celle de P. Le Brethon sur *la Formation du département du Calvados et son administration* (déc. 1789 — octobre 1792), dans la *Nouvelle Revue historique du droit français et étranger*, 1893-1894 ; celle de D. Mater sur *la Formation du département du Cher*, Bourges 1899 ; celle de Ch. Porée sur *la Formation du département de l'Yonne*, Auxerre 1905 (cf. *l'Action française* du 25 juin 1911, *le Département de l'Yonne*, par Jehan) ;

juxtapose des lambeaux de Picardie, d'Ile-de-France et de Champagne ; il est découpé comme en tranches par quatre vallées parallèles » (Foncin) ; celui de Seine-et-Marne réunit la Brie, une partie de l'Ile-de-France, un morceau de l'Orxois, un lambeau du Multien, une fraction du Gâtinais ; celui de Seine-et-Oise est formé d'une partie de l'Ile-de-France et d'une partie de la Beauce. Peu de provinces ont été déchiquetées à l'égal de l'Ile-de-France, cœur royal du Pays.

La Constituante prétendait mettre fin à la « diversité » et à l' « étrangeté des divisions administratives et judiciaires » et régulariser l' « étendue du territoire compris dans le ressort de chacune d'elles »[1]. Elle voulait « que

celle de Robert Villepelet sur *la Formation du département de la Dordogne*, Périgueux 1908 ; celle de M. René Hennequin, sur *la Formation du département de l'Aisne en 1790*, Soissons 1911 ; celle de M. Alexandre Lebaindre sur *la Formation du département de la Manche*, Paris, Ficker, 1912 Le Bulletin de l'Instruction primaire pour le département de la Haute-Marne de septembre 1910 annonçait (p. 642 qu'un livre de M. Mettrier sur *la Formation du département de la Haute-Marne* était « sur le point de paraître » Voir encore : la Revue critique du 10 mai 1911, *la Formation d'un département [les Hautes-Pyrénées] en 1790*, par Robert Launay, d'après les *Mémoires* de Barère et sa *Notice sur l'établissement du département des Hautes-Pyrénées*.

1. Aulard, *Études et Leçons sur la Révolution française* septième série, p. 54.

le même cadre contînt et l'administration et le collège électoral ; elle y fit entrer plus tard le ressort judiciaire, le ressort militaire, le diocèse, de manière qu'il n'y eût plus qu'une unité territoriale, à savoir le département »[1]. Constatons combien cette partie de l'œuvre révolutionnaire a peu duré. L'artificiel a dû céder devant les nécessités du réel. La loi du 27 ventôse (18 mars 1800) groupa les départements pour attribuer de vastes ressorts aux tribunaux d'appel. Le décret du 14 nivôse an XI (4 janvier 1803) prit ces groupements pour cadres des sénatoreries. Le décret du 17 mai 1808, portant organisation de l'Université, décida qu'il y aurait autant d'académies que de cours d'appel. Et ainsi de suite. Aujourd'hui, les cadres des divers services ne concordent plus que fort peu. Exemple : le vicomte de Romanet écrivait dans *l'Action française* du 27 août 1912 :

Ici dans l'Orne, nous dépendons du préfet d'Alençon, de l'évêque de Séez, de l'archevêque de Rouen, de la Cour d'appel et de l'Académie de Caen, du corps d'armée du Mans, de la préfecture maritime de Cherbourg, etc.

1. *Ibid.*, p. 56.

Cet *enchevêtrement*, qui semble aux étourdis du désordre, n'est dû qu'à la complexité même de tout corps organisé, *chacun de ces détails ayant sa raison d'être*... Cette *diversité de limites* des divisions administratives est *nécessitée* par la *diversité des services* auxquels elles ont à pourvoir ; cela crève les yeux pour les services maritime, forestier, minier, mais c'est aussi vrai pour les autres. Ainsi les chefs-lieux de nos cinq Préfectures maritimes (Cherbourg, Brest, Lorient, Rochefort, Toulon) sont tous des villes où ne réside pas le préfet du département, mais où en revanche il se trouve une rade qui manque à Saint-Lô, à Quimper, etc.

Dans la *Revue politique et parlementaire* du 10 février 1911, M. Bienvenu-Martin, sénateur de l'Yonne et depuis lors ministre de la Justice, faisait remarquer, lui aussi, que les divers services administratifs sont très loin d'avoir des circonscriptions communes :

C'est ainsi que le département de l'Yonne dépend de l'Académie de Dijon, du corps d'armée d'Orléans, du ressort de la Cour de Paris, de la conservation de Troyes.

C'est le triomphe de l'incohérence, dira-t-on ? Est-ce bien sûr ? Au lieu de rattacher à un même centre des services qui n'ont entre eux aucun lien, n'est-il pas plus rationnel de les répartir géographiquement suivant la nature et les convenances de chacun d'eux ? La machine administrative ne doit pas ressembler à une de ces constructions géométriques où la préoccupation de la symétrie domine toute autre considération.

Il faut féliciter ce ministre de la République de si bien défendre les circonscriptions « incohérentes », enchevêtrées, de l'Ancien Régime et de critiquer si vigoureusement la création « géométrique » des départements de la Révolution !

« Les départements, disent très bien MM. Joseph Fèvre et Henri Hauser, ne sont que des cadres administratifs, aux limites souvent très enchevêtrées et presque toujours absolument artificielles, sans unité naturelle, sans valeur géographique. Cela s'explique, d'ailleurs ; car, dès l'origine, les considérations géographiques sont demeurées étrangères à la division départementale. On peut même dire que les Constituants, pour asseoir l'unité nationale sur les ruines des diversités locales, ont délibérément essayé de briser les cadres naturels. Ils ont travaillé non d'après la géographie, mais contre elle. Les départements sont de pures entités, de simples rouages artificiels destinés à transmettre au corps social le mouvement centralisateur [1]. »

En conséquence, M. Raymond de Verduillet a pu écrire, à la fin d'une remarquable étude consacrée à *la Décentralisation sous l'Ancien Régime et la Centralisation révolutionnaire* :

Il est parfaitement conforme à la vérité historique de conclure avec Burke : « Les Constituants ont traité la France en pays conquis. » De fait, lorsque Napoléon voudra annexer à son Empire les pays étrangers dont il s'est emparé, il ne trouvera pas de meilleur organe de domination que le département. Pour maintenir dans son obéissance le Brabant et la Toscane, il n'aura qu'à imiter ses prédécesseurs de 1790 qui, eux, opéraient sur des provinces françaises. C'est le procédé employé par les conquérants de tous les temps : Diviser les populations jusqu'alors unies, souder ensemble des races hétérogènes, établir une administration partout uniforme et proscrire l'attachement à tout souvenir du passé [2].

1. *Régions et Pays de France*, p. 3-4. MM. Joseph Fèvre et Henri Hauser sont professeurs, l'un à l'Ecole normale, l'autre à l'Université de Dijon.
2. *Action française* bimensuelle, 15 avril 1908, p. 50.

De son côté, M. Jules d'Auriac, ancien préfet de la Vendée, ancien directeur au ministère de l'Intérieur, écrit dans *la France d'aujourd'hui et la France de demain* (p. 67-69) :

La vérité est qu'ils [les Français] sont traités comme un *pays conquis*, comme une colonie lointaine, comme des hommes qui appartiennent à une autre race que leurs gouvernants... Notre histoire, depuis cent ans, n'est plus que celle des convulsions de cette ville [Paris] ou des coups d'État qui s'y sont accomplis ; la France soumise reçoit de là ses chefs, sans souvent qu'elle ait pu se douter, la veille encore, quels ils seraient. Rome victorieuse gouvernait ainsi le monde, et c'était logique puisqu'elle l'avait conquis : le Conseil municipal de Rome décidait des destinées de l'humanité. Nous de même, il semble que nous soyons au lendemain d'une *conquête* de la France par les comtes de Paris.

Et M. Louis Braud, qui cite le passage dans *la Dépêche* de Toulouse (2 octobre 1910), assure qu'il n'y a « aucune exagération dans ce langage ». Nous sommes bien, en effet, un pays conquis. Toute l'administration est entre les mains de Juifs et de Météques venus du monde entier et confédérés sur notre sol à deux communautés autochtones mais antifrançaises : les Protestants et les Maçons.

Aussi, voyez l'attitude des représentants de ces Quatre États, à l'égard de la décentralisation et du régionalisme. Dans *le Débat nouveau*, Charles Maurras a rappelé que Joseph Reinach, dès le mois d'avril 1895, c'est-à-dire au moment où les premiers mouvements de la pensée décentralisatrice se faisaient sentir, mit le parti républicain en garde contre ce que ce juif appelait habilement les « réveils du passé ». De même, naguère, M. Fidao-Giustiniani [1] écrivait dans *le Peuple français*, au cours d'un article intitulé sans vergogne : *Pour la Centralisation :*

On a beaucoup médit, depuis quelque soixante ans, de la centralisation, et encore ces derniers jours, M. Jean Lerolle lui faisait, ici même, son procès dans les règles. J'avoue un faible, et quelque pitié, pour cette malheureuse qu'on charge de méfaits, à mon sens imaginaires. M. Le-

---

1. Pour tous renseignements sur M. Fidao-Giustiniani, voir *l'Action française* des 1er et 15 nov., 1er et 15 décembre 1907, 1er et 15 janvier 1908 ; articles intitulés : *Contre le Nationalisme français*.

rolle, *qui est un galant homme*, voudra bien me permettre de la défendre, à cette même place où il l'accusait, et souffrir qu'à lui-même j'adresse le mot de Cydias : « Il me semble que c'est tout le contraire de ce que vous dites... »

Dans la débâcle générale, nos cadres administratifs maintiennent, tant bien que mal, un peu d'ordre dans le pays, et j'estime qu'y toucher, ce serait criminel. La moindre chiquenaude dans le système entraînerait, à mon humble avis, les conséquences les plus graves[1].

J'expliquerai plus loin que la seule présence du Roi rend illusoires les craintes que M. Fidao feint d'éprouver pour l'heure où l'on s'aviserait de donner la « moindre chiquenaude » à la machine administrative.

Étonnons-nous plutôt, — pour prendre un exemple très significatif d'un sentiment extrêmement répandu, — étonnons-nous de rencontrer sous la plume d'un Français de vieille souche béarnaise, ardent félibre, mais aveuglé par le démocratisme, M. Simin Palay, ces lignes qui sont une insulte au bon sens :

Si le pouvoir centralisateur des derniers rois parvint peu à peu à arracher aux Béarnais leurs « fors et coutumes », ce ne fut pas sans une

---

1. *Peuple français*, 17 août 1910.

belle défense de nos pères et les protestations ne cessèrent jamais de se faire entendre, courtoises mais fermes. Il fallut la grande tourmente révolutionnaire pour les faire cesser. Et d'ailleurs, à ce moment-là, il ne nous restait plus grand'chose à perdre.

Divagations que Criton juge en ces termes : « La dernière phrase contient une erreur de fait sur laquelle nos historiens régionalistes feront bien de revenir sans cesse [*nous l'avons démontrée plus haut*]. Mais, dans sa sécheresse et sa résignation, l'avant-dernière accuse une véritable lésion dans les organes mêmes de l'intelligence et de la raison. Ainsi les derniers rois ont exercé un *pouvoir centralisateur,* mais ce pouvoir ne fit *jamais* cesser la protestation des libertés et des droits ; c'est pourquoi l'inflexion du langage est sévère ; on veut faire peser sur ce pouvoir une responsabilité aussi grave que possible. Vient *la tourmente révolutionnaire.* Celle-ci ne blesse pas, elle tue. Pas un mot, pas une virgule, pas un signe qui trahisse la révolte, l'indignation, le blâme de l'écrivain. Ou plutôt tout le contraire : une excuse. Ce que l'on vient de déclarer vivant et démontrant sa vie par des protestations incessantes est aussitôt qualifié d'infime, de mourant. Ces contradictions grossières et honteuses jugent une école, une méthode. »

L'abbé Appert a prononcé un jour dans la chaire du Syllabus, à l'Institut de l'Action française, un mot qui éclaire singulièrement toute cette question : « Ces Français, grognait l'étranger, sont fidèles comme des bêtes. — Les Français étaient fidèles, répond l'éminent théologien, parce qu'ils étaient fiers. Leur roi, c'était leur indépendance. » Indépendance intérieure aussi bien qu'extérieure.

Le mouvement de 89, qui visait à la restauration intégrale des libertés traditionnelles, a abouti [1] à la plus effroyable tyrannie et à l'écrasement de la vie française. Les institu-

---

1. On soutient parfois — Albert Métin, *la Révolution et l'Autonomie locale*, 1 broch., 1904 — que non seulement la Constituante a décentralisé, mais que sa législation offrirait une sorte d'idéal à retrouver. Il faut s'entendre ! Beaucoup des mesures invoquées n'entrèrent pas, pour une raison ou pour une autre, dans la pratique. D'autres furent largement compensées par des mesures inverses. Un troisième lot fut mené de si folle façon que l'on versa, au demeurant, dans un état d'anarchie d'où la Terreur et le Césarisme sortirent comme le fruit de la fleur. Et il y avait alors des traditions, des mœurs, un esprit public que nous n'avons plus !

[Les prétendues mesures décentralisatrices de la Constitions de l'an VIII n'ont fait que donner force de loi constitutionnelle à cet état de choses. Et depuis, que nous ayons été en Empire, en Monarchie ou bien en République, nous sommes, pour ainsi dire, restés régis par ces institutions de l'an VIII, antinationales, antiphysiques.

tuante étaient viciées par leur but. Il ne s'agissait point de décentraliser et d'organiser des autonomies, mais de rendre le Roi impuissant, en le privant de toute action sur toutes les administrations, dans toute l'étendue du territoire. On aurait bien voulu rattacher étroitement tous ces corps administratifs locaux à l'Assemblée législative, mais on craignit de violer le sacro-saint principe de la séparation des pouvoirs, car toutes ces administrations locales étaient considérées comme des organes du Pouvoir exécutif. Quant à les rattacher au chef du Pouvoir exécutif, c'est-à-dire au Roi, on s'en garda comme de la peste pour l'unique raison que je viens de dire. Les rapports pourtant nécessaires et quotidiens entre elles et lui ne furent même pas organisés et le pays fut livré à l'anarchie et tout prêt pour la conquête jacobine qui se préparait.

Dire que la Constituante a décentralisé, c'est simplement se moquer du monde et je pense que c'est ce que fit M. Métin lorsqu'il donna au café Voltaire l'ingénieuse conférence publiée peu après en brochure.]

Plus loin, quand nous démontrerons qu'un régime électif ne peut décentraliser, nous spécifierons qu'il ne peut décentraliser de manière cohérente et surtout stable. L'histoire des démocraties, particulièrement à leurs débuts, offre d'assez nombreux exemples où l'on voit le pouvoir décentraliser, mais, par un fait exprès, constant, cela dure peu. Chez nous, le souvenir des Girondins inscrit en lettres sanglantes la preuve de cette redoutable vérité, vérifiable sous toutes les latitudes et dans tous les temps.

II

HISTOIRE DE CENT ANS
1814-1914

> *Nous avons, c'est indiscutable, opéré une revision de la Révolution française.*
> « *Le Temps* », 3 avril 1914.

Cependant, dès les premières heures de la Restauration, une réaction s'affirma. « La Restauration est une période capitale dans l'histoire municipale : c'est le moment où la question, restée confuse sous l'Empire, se précisa et où chaque parti politique fixa, sur cette matière, sa conception théorique. Tout le développement des institutions communales est en germe dans les discussions et les polémiques de cette époque. » Je tire ces paroles d'un rapport[1] présenté par M. Paul Meunier, député radical-socialiste de l'Aube, au cours de la

---

1. *Rapport sur la proposition de loi tendant à l'application à la ville de Paris de la loi sur l'organisation municipale et au département de la Seine de la loi relative aux Conseils généraux.*

législature 1906-1910 et repris le 10 juin 1910·

« Le parti des ultra-royalistes commença l'attaque dès 1815 », ajoute M. Meunier. « Ils prétendirent que la Monarchie, en conservant la centralisation à outrance, implantée, suivant eux, depuis 1789, allait à l'encontre du droit historique, de l'évolution normale de l'ancienne France, et, pour renouer la chaîne de la tradition, brisée par la Charte de 1814, ils se déclarèrent partisans d'un système de décentralisation par l'autonomie communale. » « Dès 1816, dans la discussion d'un projet de loi sur l'aliénation des bois des communes, M. de Bonald défendait cette thèse de l'émancipation communale. » « En 1818 les ultras revinrent à la charge ; ils appuyèrent et firent passer une loi accordant aux communes, dans certaines circonstances, le droit de voter une contribution extraordinaire et d'adjoindre, dans ce cas, au conseil municipal nommé par le roi, *les citoyens les plus imposés*. » Réforme excellente, qui amorçait la représentation des intérêts et instituait un commencement de responsabilité définie. Cette réforme a été abolie par la République, en 1882, comme contraire au principe de l'égalité.

Mais revenons au précieux rapport Meunier. « En face des revendications des ultras, dit-il, les doctrinaires et les libéraux maintenaient la théorie centralisatrice de l'Empire. » Le 22 février 1821, le ministère Richelieu déposa un projet de loi qui fut naturellement combattu par la gauche, et aussi par la droite, mais celle-ci parce que trop timide et réellement insuffisant. Après l'assassinat du duc de Berry, les ultras reviennent au pouvoir. Cette fois, l'opposition doctrinaire et libérale se découvre des ambitions décentralisatrices : simple arme de combat, moyen de créer des difficultés au ministère, revendications de « circonstances », reconnaît M. Meunier. Il ajoute que « toutes ces professions de foi étaient d'ailleurs assez superficielles ». En 1829, M. de Martignac proposa une loi de réorganisation communale préparée par une commission recrutée dans tous les partis. Mais, de même que le projet Richelieu en 1821, elle fut attaquée à la fois, bien que pour des raisons contraires, par la gauche et par la droite, et finalement retirée. N'importe, malgré son échec, la tentative de M. de Martignac est restée dans le souvenir comme un exemple de hardiesse gouvernementale.

Je trouve ce mot de M. Batbie dans un article du sénateur Louis Martin au *Radical* du 28 décembre 1912 : « M. de Martignac donna le rare exemple d'un ministre demandant à limiter sa propre puissance. » Malheureusement, la Restauration, qui fit tant et de si belles choses en quinze ans, ne réussit pas à décentraliser, — ou peut-être ne s'en soucia guère. On était trop près de la Révolution. La même erreur qui avait fait tomber dans l'illusion parlementaire retenait dans l'illusion étatiste. La centralisation ne sauva point le régime. Comme le remarque Maurras [1], « elle ne servit même qu'à faire accepter plus aisément du pays entier les résultats de l'insurrection parisienne qui le renversa en trois jours ». Villèle l'avait prévu depuis longtemps. Lors de la discussion de la loi de 1818, il s'écriait :

Tant qu'on voudra maintenir le système actuel, tout nommer et tout diriger du centre, il faut s'abonner à rester asservi, sans défense possible, à la domination exclusive des commis de bureaux des préfectures et des ministères... Il

---

1. Maurras, *Idée de la Décentralisation*, p. 8.

faut s'abonner à rester exposé à toutes les révolutions que les audacieux pourraient tenter à Paris, car, lorsque rien ne peut se faire d'un bout de la France à l'autre que d'après la direction et les ordres de Paris, *la faction ou l'usurpation qui se rendent maîtres de Paris se rendent, par ce seul fait, maîtres de toute la France...*

C'est un trait que le lecteur trouvera développé plus loin, mais qu'il faut retenir dès maintenant : « Cette fausse cohérence administrative n'est pas un élément de stabilité politique [1]. »

Le dernier article de la Charte du 7 août 1830 promettait une loi municipale fondée sur le principe électif. La loi du 21 mars 1831 établit l'élection au suffrage censitaire pour les conseillers municipaux, et la loi du 22 juin 1833 étendit le principe aux conseils généraux et aux conseils d'arrondissement. En 1837 (18 juillet) et en 1838 (10 mai), nouveaux progrès. Mais, durant les dix années qui suivirent, l'idée chemine dans les esprits sans déterminer aucune mesure législative. Après sa chute, Guizot se repentira d'avoir négligé ce

---

1. Maurras, *ibid.*

point capital au cours de son ministère. Il rédigera dans sa retraite, comme l'avait fait avant lui dans les mêmes conjonctures Villèle, un système complet de décentralisation.

La République de 1848 confère au suffrage universel l'élection des conseils généraux et municipaux et aux conseils municipaux l'élection des maires et adjoints, mais elle attribue au gouvernement une tutelle exorbitante. Suivant l'expression d'Odilon Barrot, on ne faisait qu' « accommoder la tête de la République sur le corps de l'Empire ». M. Paul Meunier estime même que la centralisation se trouva « fortifiée »[1] par la constitution de 48.

En 1851, sous la poussée de républicains et surtout des légitimistes, une commission est instituée pour étudier un vaste plan de décentralisation ; quatre projets de loi sont déposés, et des rapports rédigés par M. de Vatimesnil sur les communes, Odilon Barrot sur les cantons, M. de la Boulie sur les conseils généraux, M. de Larcy sur les conseils de préfecture. « L'innovation principale

---

1. P. 36. Ailleurs (p. 45), il parle de la « diminution des libertés locales accomplie par la seconde République ».

du projet de la commission, dit M. de Larcy[1], c'était la transformation complète de la tutelle administrative des communes... On n'avait pas pensé que les associations municipales pussent être subitement et absolument livrées à elle-mêmes; mais la mission de surveillance, qui paraissait encore nécessaire, on la confiait à une autorité émanant du pays, en ressentant tous les besoins et n'ayant d'autres intérêts que les siens »; c'est-à-dire à un conseil de préfecture nommé par le Pouvoir exécutif sur une liste dressée par le conseil général. Le projet vint en discussion le 1ᵉʳ décembre. Dans la nuit, le Coup d'État arrêtait les débats.

Par la suite, l'Empire, à divers intervalles, introduisit un certain nombre d'améliorations notables. Les décrets de 1852, 1861, 1864, 1866, 1867 augmentaient les attributions des conseils locaux. « L'empereur en vint même à la décentralisation proprement dite[2], c'est-

---

1. *La Décentralisation de 1789 à 1870*, dans *le Correspondant*, avril-juin 1870; étude à consulter et qui, jointe à celle de M. Barthélemy qui sera indiquée à la page suivante, trace l'historique de la question, au point de vue législatif et parlementaire, entre 1789 et 1908.
2. Voir les *Mémoires* de Persigny, p. 302.

à-dire à l'autonomie locale. N'avait-il pas institué une commission de décentralisation ? L'Empire constitutionnel aurait peut-être mieux réussi s'il s'était dirigé en ce sens, plutôt que de tourner à je ne sais quelle combinaison bizarre de libéralisme et de parlement, qui le conduisit à sa perte [1]. »

Ce qu'a fait la troisième République, on en trouvera les grandes lignes au chapitre IV, écrit d'après l'étude que M. J. Barthélemy a consacrée aux *Tendances de la législation sur l'organisation administrative depuis un quart de siècle*. On verra que cette législation se traduit par un accroissement certain de la centralisation, dont la rigueur théorique est encore alourdie par la pratique administrative.

*
* *

Cependant, les belles déclarations ministérielles[2] ont maintes fois promis d'alléger le fardeau.

---

1. Maurras, *Idée de la Décentralisation*, p. 9.
2. Cf. Guy Lavaud, *les Déclarations ministérielles et les ministères*, aux éditions des *Documents parlementaires*, 8, place du Palais-Bourbon.

Le message du maréchal de Mac-Mahon, en date du 27 mai 1873, annonçait que « des lois très importantes sur l'organisation de l'armée, sur l'administration municipale », etc., étaient « préparées ou débattues en ce moment dans les commissions ». Nouvelles allusions dans la déclaration du ministère Buffet (10 mars 1875) et dans celle du ministère Dufaure (6 mars 1876).

Le ministère républicain de M. H. Waddington (4 février 1879) se présenta sans déclaration devant les Chambres. Mais le suivant, celui de M. de Freycinet (28 décembre 1879), exprima cyniquement la volonté[1] du régime

---

1. G. Clemenceau, *l'Homme libre*, 16 août 1913 :
« La décentralisation fut le premier article du programme des républicains sous l'Empire... C'était l'époque où l'on écrivait couramment qu'il fallait tâcher d'avoir « le moins de gouvernement possible », et que, moins un pays est gouverné, plus il est heureux.

« Nos républicains au pouvoir ne songèrent pas un moment à l'application des formules qui avaient été chères au plus grand nombre d'entre eux. Personne, d'ailleurs, n'eut la pensée de le leur demander, car on était en pleine bataille pour ou contre l'institution républicaine, et le prompt remplacement de fonctionnaires ennemis du régime par des fonctionnaires amis paraissait justement, avant toute discussion d'idées, le premier pas dans la grande entreprise. Et puis, quand on les tint, ces fonctionnaires amis, on voulut s'en servir — il faut avoir le courage de l'avouer — et il n'est pas un parti de gouvernement qui n'eût fait ainsi.

« S'en servit-on bien ou mal ? Je laisse la question aux

de tenir fortement la main sur le pays, à l'aide d'une administration servile ; on épurera le personnel :

La réforme du personnel administratif est entre les mains du gouvernement. Ce sera à nous de mettre fin à vos préoccupations par de bons choix au sommet et par une action quotidienne, ferme et vigilante, à tous les degrés de la hiérarchie.

Même note dans la déclaration du ministère Gambetta (14 novembre 1881). Il s'agit « d'affermir la République et de l'entourer d'institutions démocratiques » ; pour cela, il importe qu'il y ait « dans les deux Assemblées une majorité confiante et libre pour soutenir ce gouvernement, et, pour le servir, une administration disciplinée, intègre et fidèle, soustraite aux influences personnelles comme aux rivalités locales, et uniquement inspirée par l'amour du devoir et de l'État ». Sous la phraséologie, on voit bien ce qu'entendait dire le chef des républicains.

---

chercheurs. Ce qui est certain, c'est que la pure doctrine de la décentralisation fut très vite reléguée au second plan. »
... Ou au troisième, ou au quatrième, ou au trente-sixième, — exactement, dans les oubliettes.

Trois mois plus tard, la République des républicains reprend le langage libéral de la République conservatrice. C'est le deuxième ministère Freycinet (1ᵉʳ février 1882) :

Nous préparerons des lois pour organiser la liberté d'association, tout en maintenant intacts les droits essentiels de l'État, ainsi que pour accroître dans une juste mesure les libertés communales et départementales.

La déclaration ajoutait :

Dans cette marche incessante vers l'idéal de la liberté, nous ne marquons pas à l'avance de limite fixe. L'intelligence et la sagesse des populations rendent chaque jour possible de nouveaux progrès.

Le ministère Jules Ferry (22 février 1883) est certain que, « sur la loi municipale, l'accord sera facile entre le gouvernement et les Chambres ». Il fit, en effet, voter la loi municipale du 5 avril 1884, malgré l'opposition d'une partie de la gauche. Pour cette loi, pour sa valeur, pour sa portée, voir p. 143.

11 décembre 1886, ministère Goblet :

La Chambre a manifesté la volonté de simplifier notre organisation administrative, qui date du commencement de ce siècle. Nous n'avons pas la prétention d'opérer d'un seul coup une semblable transformation, mais nous l'entreprendrons dès à présent et nous la poursuivrons dans la mesure où elle nous paraîtra compatible avec les besoins des services et les nécessités gouvernementales.

Le premier ministère Rouvier, qui succède au ministère Goblet le 31 mai 1887, assigne à la réforme budgétaire « pour base principale un système de sérieuse économie et de simplification des services administratifs ».

Le premier ministère Tirard « s'occupera avec ardeur des questions financières, économiques, administratives, sociales et militaires, dont la solution s'impose à la sollicitude du Parlement ».

Il nous faut ensuite passer par-dessus le ministère Floquet, le second ministère Tirard, le quatrième ministère Freycinet, le ministère Loubet, le premier et le deuxième ministère Ribot, le premier ministère Charles Dupuy, le ministère Casimir-Périer, le deuxième ministère Charles Dupuy, le troisième [1] ministère

1. Toutefois, par décret du 16 février 1895, le gouvernement, sur le vœu de la Chambre, nomma une commission inter-

Ribot, le ministère Léon Bourgeois, et arriver au ministère Méline (30 avril 1896) pour voir reparaître la réforme administrative dans les préoccupations ministérielles. Le nouveau cabinet prenait l' « engagement » d'apporter des « modifications successives » « à notre organisation administrative dont les formalités compliquées concordent si peu avec les besoins de simplicité et de célérité de la société moderne ».

L'idée n'intéresse ni le cabinet Brisson, ni le troisième cabinet Dupuy, ni le ministère Waldeck-Rousseau, ni le cabinet Combes, ni le deuxième ministère Rouvier, ni le ministère Sarrien — dont Clemenceau fait cependant partie, avec le portefeuille de l'Intérieur ! Silence complet.

Le ministère Clemenceau (5 novembre 1906) lance l'idée de la réforme administrative, liée à l'idée de la réforme électorale :

parlementaire de décentralisation qui fit quelque bruit, plus de bruit que de travail utile et pratique. Quatorze ans après (comme on piétine en République !), le rapport Lallemand ne fera guère que reprendre les conclusions du rapport présenté en 1896 par M. Alapetite au nom de la sous-commission administrative de décentralisation, en spécifiant même, p. 6, que sa « mission est peut-être plus modeste » !

La République a fondé la liberté en France. Il nous reste à lui donner ses développements naturels dans toutes les parties du régime républicain. C'est en vue d'une extension nouvelle d'attributions aux pouvoirs régionaux que sera préparée la réorganisation administrative, impliquant, dans notre pensée, l'élargissement du mode de scrutin dans les élections législatives.

A ce moment, et pendant cinq à six années, le gouvernement de la République (ministère Clemenceau, premier et second ministères Briand, ministère Poincaré) semble se poser en champion résolu de l'idée décentralisatrice, on dira même régionaliste. Ayant fait, en prenant le pouvoir, la déclaration que nous venons de transcrire, Clemenceau reconstitue (7 décembre 1907) une commission interministérielle que, par décret du 9 mai 1906, alors qu'il était seulement ministre de l'Intérieur dans le cabinet Sarrien, il avait chargée de « préparer un projet de réorganisation de l'administration départementale en vue de la simplification des services ». Cette commission s'est réunie le 12 décembre, elle s'est aussitôt partagée en deux sous-commissions, dites, l'une, de *l'organisation*, l'autre, des *attributions*. J'ignore ce qui est advenu de la première ; pour la seconde, celle des attributions, elle a tenu, du 12 décembre au 26 mai, quinze séances sous la présidence du conseiller d'Etat Bruman ; elle a chargé M. Lallemand, préfet de la Haute-Vienne [1], de traduire ses vues, conclusions et propositions ; ce que M. Lallemand a fait, en 1909, par un rapport édité chez Berger-Levrault. Ce volume de 219 pages est tout ce qui reste d'un effort que les officieux présentaient comme devant renouveler la face des choses. Les vues, conclusions et propositions de la commission interministérielle n'ont abouti à *aucune* réforme positive ; elles n'ont introduit dans la législation *aucune* modification, même superficielle, même fictive, comme le travail parlementaire en produit tant ! C'était, d'ailleurs, prévu de tous les esprits réfléchis. On avait peine à croire que cette réunion de fonctionnaires fût sincèrement animée du désir de limiter la bureaucratie, de diminuer son patrimoine indivis, son bien, son domaine [2]. Si

---

1. Puis du Gard, aujourd'hui de la Loire.
2. Sur la précédente commission de 1895, je trouve une réflexion analogue de M. H. Berthélemy, dans la préface,

Clemenceau voulait voir avorter l'entreprise, pouvait-il mieux s'y prendre que d'en confier la fortune à ceux-là mêmes aux intérêts de qui elle attentait ? La lecture du rapport Lallemand offre un rare exemple de manœuvres destinées à jouer le public, à paraître faire des concessions que l'on ne fait point, à sembler réaliser des choses qui ne dépassent cependant pas le papier. Mais laissons un républicain authentique caractériser l'œuvre de la commission interministérielle :

La seule question qui se pose est de savoir si la commission a prétendu se payer notre tête. Savez-vous ce qu'elle a trouvé pour donner satisfaction aux promesses décentralisatrices si magnifiquement formulées par M. le président du Conseil ? Transporter du préfet aux sous-préfets la plus grande partie du contrôle administratif des communes ! Une fois de plus, cette commis-

d'ailleurs lamentable, qu'il a écrite pour l'*Essai sur le Gouvernement local en Angleterre* d'Edward Jenks :

« Est-il surprenant que cette commission n'ait eu que des vues étroites et n'ait abouti qu'à des réformes insignifiantes, alors qu'elle était en majorité composée de fonctionnaires ? Il est peu vraisemblable qu'on ait eu quelque part l'illusion que tant de bureaucrates réduiraient les attributions de la bureaucratie. »

Cette vue de simple bon sens est au moins aussi valable contre le syndicat parlementaire, de qui la bureaucratie relève.

sion de bureaucrates s'en tire par un calembour : au lieu de « décentralisation », on nous apporte de la « déconcentration ».

Ce jugement a été formulé par M. J. Paul-Boncour, le 15 avril 1909, dans *la France de Bordeaux et du Sud-Ouest* [1]. Et veut-on connaître le sentiment du principal intéressé, du père de la commission interministérielle, Clemenceau en personne ? Dans l'article de *l'Homme libre* que j'ai déjà cité et que je reciterai plus loin, Clemenceau, après avoir rappelé que les républicains, qui avaient fait de la décentralisation leur grand cheval de bataille contre l'Empire, s'empressèrent de la mettre au rancart comme une monture émi-

---

1. Hélas ! hélas ! deux ans plus tard, au mois de mars 1911, quand M. J. Paul-Boncour fit partie du cabinet Monis en qualité de ministre du Travail et de la Prévoyance sociale, je m'étonnai publiquement (*Nouvelliste de Bordeaux*) que la déclaration du nouveau ministère ne soufflât pas mot de la décentralisation, alors que les déclarations des ministères précédents avaient accoutumé le public à entendre un paragraphe sur le sujet. L'auteur du *Fédéralisme économique* me répondit qu'il n'est point nécessaire de parler décentralisation pour en faire. Assurément, mais le passage de M. Boncour au pouvoir est surtout remarquable par la mise en train de la loi des retraites ouvrières, qui est bien le plus formidable instrument de domination étatiste que l'on connaisse !

nemment gênante, une fois arrivés au pouvoir, Clemenceau ajoute :

Quant aux projets de décentralisation qui suivirent, ils eurent surtout un caractère d'études. J'en poussai un assez avant sans que personne parût s'y intéresser. Le peuple français aime beaucoup à se décharger du souci de ses propres affaires sur son gouvernement, — ne fût-ce que pour rejeter sur autrui la responsabilité de ce qui pourra s'ensuivre.

L'excuse a un défaut : elle se retourne contre celui qui l'invoque. Fondée, on est bien coupable de s'obstiner dans un système politique qui, par sa dépendance vis-à-vis de l'opinion [1], rend si difficile une réforme par ailleurs jugée fondamentale. Mais le fait allégué n'est exact qu'en un sens. Comme le note (p. 6) M. Lallemand, la commission interministérielle « venait à son heure ». C'était une

---

1. En 1895, M. Paul Deschanel, réunissant en volume ses anciens articles du *Temps,* explique dans la préface de *la Décentralisation :*
« Certaines questions très importantes n'y étaient point touchées, telles que le remaniement de la carte. Qui se fût avisé, il y a quatre ans, de soulever un tel problème eût passé pour utopiste. »
Voilà les chefs de la démocratie. Ils prétendent guider l'opinion ; ils en sont les serfs.

heure où les esprits éclairés étaient particulièrement attentifs à la question. C'est la date où parurent, coup sur coup, *le Rôle social du sous-préfet dans une démocratie*, de M. Eugène Arnaud ; *la Question des sous-préfets, projet de réforme administrative*, de M. Gaston de Mesmay ; *la France d'aujourd'hui et la France de demain*, de M. Jules d'Auriac, etc., etc. Au surplus, l'indifférence réelle de la masse s'explique trop bien : on verrait, si, au lieu de lui proposer une décentralisation au compte-gouttes et encore plus illusoire, on faisait briller devant ses yeux — « avec la ferme volonté non seulement d'aboutir, mais d'aboutir rapidement »[1] — un vaste plan de réfection nationale par l'autonomie, tel que l'implorent les besoins de plus en plus sentis de tous les corps sociaux qui composent la France ! J'ai mis en épigraphe à ce livre ce mot de M. Foncin[2] : « C'est l'attente d'une France nouvelle qui nous tient tous en suspens. »

---

1. Lettre de Monseigneur le Duc d'Orléans à Charles Maurras, 5 septembre 1900 (*la Monarchie française, lettres et documents politiques*, p. 249).
2. *Les Pays de France*, p. 1.

Le ministère Clemenceau culbuté, un premier ministère Briand (24 juillet 1909-4 novembre 1910) lui succède. Pas un mot de la réforme administrative dans la déclaration lue aux Chambres le 28 juillet. Mais à diverses reprises, au Parlement et ailleurs, le chef du cabinet se laisse aller à des déclarations et même à des exhortations régionalistes. Le 28 octobre 1909 : « C'est une question qui se posera demain, que les républicains tiendront à faire leur, qu'ils devront mettre sur leur programme et porter devant leurs électeurs pour les appeler à en discuter la nécessité et à prendre nettement position. Je ne saurais trop conseiller au parti républicain de ne pas se laisser forclore dans les débats qui se sont institués en cette matière [1]. » Le 23 novembre : « Si je vous disais jusqu'à quel point, dans mon esprit, devrait être poussée la réforme proposée, la simplification des services administratifs et judiciaires, peut-être en seriez-vous effrayés [2]. » Le 10 avril 1910, à Saint-Chamond : « Vous avez pu constater que les rouages administratifs de

1. *Journal officiel* du 29 octobre.
2. *Journal officiel* du 24 novembre.

Politique fédéraliste

la France sont singulièrement vieillis ; il importe de les rajeunir. J'inclinerais, quant à moi, pour l'établissement, dans un temps rapproché, de groupements d'intérêts plus larges, de groupements régionaux, avec des assemblées correspondantes où, sous l'empire d'idées générales, on pourrait débattre de grandes questions ; ces assemblées deviendraient tout naturellement les pépinières de la Chambre et du Sénat. » Les élections du mois de mai amènent à la Chambre un fort contingent de décentralisateurs et de régionalistes. *L'Action régionaliste* (mai-juin 1910) les a comptés : ils sont « quatre cent seize », pas un de moins, et, qui plus est, « aucun » autre ne s'est prononcé « contre » la réforme administrative. Ce qui fait dire à M. Bérenger, le directeur du journal *l'Action*, que « la nouvelle législature verra s'accomplir en France l'établissement de la région administrative, économique et financière, véritable médiatrice entre la nation et les départements, fondée à la fois sur le régime électif de toute démocratie et sur les nécessités naturelles du territoire ». Dans l'exposé général des revendications du parti qu'ils font à la tribune, dès l'ouverture de la session, les socialistes, pour la première fois, chargent l'un d'entre eux de développer des vues communalistes et provincialistes. (Je reproduirai tout à l'heure ce discours.) Aux vacances, Briand fait procéder à une enquête pour s'éclairer sur les conditions d'une vaste réorganisation administrative menée de front. Le 4 novembre, il remanie son ministère. Dans la déclaration que la nouvelle équipe lit aux Chambres le 8, la pensée du gouvernement, qui s'est précisée peu à peu, reçoit la forme suivante, où la réforme électorale, la réforme judiciaire et le statut des fonctionnaires se trouvent enchaînés à la réforme des réformes, à la Réforme administrative :

La réforme électorale, qui nous apparaît comme la préface [1] d'autres réformes organiques devenues urgentes, est au premier rang de nos préoccupations. Le projet de loi déposé à la Chambre des députés le 30 juin dernier est soumis à la commission du suffrage universel, qui

---

1. M. Poincaré écrivait dans *le Temps* du 27 mai : « Vouloir entreprendre la réforme administrative avant d'avoir définitivement libéré les êtres des servitudes qui grèvent leur conscience, ce serait folie ou mystification. »

en a commencé l'examen et l'a pris pour base de son étude. Nous espérons que l'accord se fera sur un texte qui pourra venir prochainement en discussion.

La réforme administrative a fait l'objet d'une enquête approfondie. Les précieuses indications que nous avons recueillies nous permettront d'établir sur des bases pratiques et de déposer, à bref délai, un projet de loi destiné à adapter une organisation vieillie aux nécessités modernes.

On ne saurait entreprendre utilement la réforme administrative qu'à la condition de fixer en même temps le statut des fonctionnaires, leurs droits et leurs devoirs. La Chambre est saisie, à cet égard, d'un projet de loi dont nous réclamerons la prompte discussion.

La réforme judiciaire sera le complément de la réforme administrative ; elle donnera lieu à un projet de loi distinct qui sera déposé prochainement.

Tel était le processus dès lors fixé dans cet effort de réformation organique que la République allait tenter sur elle-même : d'abord la réforme électorale, puis, et d'ailleurs liée à elle, la réforme administrative, qui entraînait d'une part l'établissement d'un nouveau statut des fonctionnaires, d'autre part la réforme judiciaire. Et la République, rajeunie, renouvelée, métamorphosée, redevenait belle comme sous l'Empire !

Était-ce plus qu'un rêve, et le plus vain ? Je n'ai pas à écrire ici l'histoire de cette longue série de triomphes rapides et d'âpres déceptions par où ont passé tous les libéraux, tous les conservateurs qui avaient donné dans l'immense duperie. L'échec final avait été prévu, il avait été prédit [1]. La certitude que nous en avions nous a permis d'écouter avec beaucoup de pitié les déclamations enfantines qui s'élevaient au-devant de la réforme chaque fois que celle-ci faisait mine d'avancer...

Le projet de réforme administrative dont la déclaration du 8 novembre 1910 annonçait le dépôt « à bref délai » n'a jamais vu le jour. A la vérité, il a existé un projet de ce projet. Ce projet de projet a même circulé à travers les ministères et, paraît-il, les préfectures. Certains l'y ont aperçu ; certains, plus heureux encore, ont pu en prendre connaissance et

---

[1]. Je demande la permission de me citer. Il importe que le lecteur s'en rende compte, nous ne sommes pas de ces faiseurs de boniment pour qui tout consiste à dire élégamment des choses fausses. Nous ambitionnons de mériter la confiance du public. Il est donc nécessaire que le public soit mis en mesure de voir qui lui a dit juste et qui s'est trompé. — Voir appendice VIII.

nous en ont décrit¹ les grandes lignes. Tout ce que ces témoignages autorisent à affirmer, c'est que le travail officiel s'inspirait des vues les plus arbitraires, les plus condamnables. Peut-être sera-t-il repris un jour. Nous en doutons. Lorsque Briand est revenu au pouvoir, en janvier 1913, il l'a prudemment laissé aux limbes, déclarant expressément qu'il entendait s'en tenir, cette fois, à des « promesses réalisables ».

*
**

J'ai dit que la réforme administrative annoncée le 8 novembre 1910 n'a pas été directement mise en question ; elle a été indirectement et d'assez loin introduite aux débats parlementaires par la discussion de la réforme électorale. On se rappelle comment. Le principe de la représentation des minorités ayant été admis par la Chambre, le gouvernement de M. Poincaré, d'accord avec la commission du suffrage universel, élabora un projet de loi dans lequel le scrutin de

1. Henry de Bruchard, *Action française*, 19 janvier 1911.

liste fonctionnait à l'intérieur de circonscriptions élargies, de façon que le quotient pût jouer à l'aise. Ces circonscriptions nouvelles comprenaient quelquefois un, le plus souvent deux ou trois départements, suivant le chiffre d'électeurs. Elles dessinaient des espèces de régions, perspective dont les uns se réjouirent, mais dont le plus grand nombre s'alarmèrent. Bientôt, tout le débat se trouva concentré sur l'adoption ou le rejet de la région électorale. « La question des régions est une très grosse question », disait M. Javal[1], et encore : « La plus grosse question qui soit dans ce débat », c'est « la question des régions »[2]. On le vit bien à l'ardeur suprême déployée de part et d'autre !

Le président du Conseil prit la parole dans la séance du 25 juin.

Il commença par rappeler quelle était l'origine de la réforme électorale :

Nous avons voulu permettre aux partis, je dis à tous les partis, de s'organiser, de dresser ouvertement leurs listes de candidats et d'affronter la lutte, pour reprendre une expression

---

1. *Journal officiel*, séance du 25 juin 1912, p. 1708.
2. *Ibid.*, séance du 24 juin 1912, p. 1676.

qu'employait hier M. Painlevé, d'affronter la lutte bannières déployées...

Nous avons agi dans la pensée d'épargner au parti républicain les reproches qu'on ne manquerait pas de diriger contre lui si, par son opposition ou par son défaut d'entente, la réforme électorale échouait ou était ajournée...

Le problème à résoudre consistait donc à trouver le moyen d'obtenir une représentation parlementaire qui fût l'image la plus exacte possible, comme une sorte de réduction fidèle et complète, des partis dans le pays. Or, « plus la circonscription est large, plus la répartition [des sièges] par le quotient a de chance d'être efficace et de réduire les restes » :

Si l'on pouvait faire de toute la France une seule circonscription, la règle du quotient s'appliquerait d'une façon parfaite, et elle suffirait à tout ; il n'y aurait pas de reste, ou il n'y aurait qu'un reste insignifiant. Ce serait l'idéal, mais c'est un idéal chimérique [?] à cause de l'étendue du territoire français [?]. Plus on élargit la circonscription, plus on se rapproche de ce résultat théorique ; plus on la rétrécit, plus on risque d'avoir une première répartition incomplète.

Entre le département et la France entière, la région se présentait donc comme un moyen terme. Adoptée, elle deviendrait, espérait-on, le cadre de grosses réformes ultérieures :

Nous aurions souhaité que la réforme électorale fût vraiment, dans la mesure du possible, la préface de la réforme administrative, qu'elle fût féconde, et qu'elle contînt une pensée d'avenir. Voilà pourquoi nous avons essayé d'y mettre un germe, — ce n'est qu'un germe, assurément, — mais d'y mettre le germe d'une réorganisation générale...
Lorsque seront formées les *régions administratives*, on aura, messieurs, à se demander si l'on pourra, sans péril pour l'unité nationale, leur accorder des droits analogues à ceux que la loi de 1871 a conférés au département, et je ne crois pas que cette œuvre de décentralisation puisse être jamais considérée comme attentatoire à l'indivisibilité de la République.
Mais notre projet n'a même jamais été aussi ambitieux. Nous avons simplement voulu inviter la Chambre à constituer des *circonscriptions électorales* assez larges pour faciliter des simplifications administratives, et soyez sûrs que si Mirabeau et Thouret, qui ont fait le département en 1889 [*sic*], étaient allés en chemin de fer ou en automobile à l'Assemblée constituante,

ils auraient créé des départements moins nombreux et moins étroits.

Nous sommes convaincus que la région est le champ nécessaire de la réforme administrative. Il ne s'agit pas de briser les unités départementales, il s'agit de les grouper dans une unité nouvelle... C'est vers la région que, dans l'avenir, doivent se tourner les regards de tous ceux qui veulent à la fois alléger nos budgets et stimuler l'activité nationale.

Après avoir ainsi indiqué la portée lointaine que pouvait avoir la réforme, le président du Conseil ramenait l'esprit de ses auditeurs à la préoccupation du moment : le quotient. Le projet de la commission, insistait-il, « n'exclut pas l'unité départementale, *lorsqu'on peut faire jouer le quotient dans le département ;* mais il permet, en même temps, les extensions nécessaires ». Du commencement à la fin du discours de M. Poincaré, les régions étaient donc envisagées, non pas comme des réalités en soi, mais, essentiellement, comme des créations d'ordre électoral ayant leur justification dans le quotient. Le quotient peut-il jouer dans le département? C'est bien, **pas de région. Le quotient a-t-il besoin ici de** deux et là de trois départements? Il les aura. C'est lui qui tranche. C'est lui qui limite. *Principium et fons.*

Quel quotient? Le quotient 8. Eugène Nolent avait dévoilé le secret dans un article d'*Excelsior* en date du 11 juin :

Quand certains Constituants rêvaient un instant de découper la France en carrés égaux en grandeur et d'y faire vivre, de gré ou de force sans doute, un nombre à peu près égal d'habitants, ils étaient des utopistes et des fous. *Mais ils considéraient encore deux facteurs :* le nombre et l'espace. M. Raymond Poincaré, dans le nouveau projet de loi qu'il vient de déposer sur le bureau de la Chambre, ne tient plus compte, comme principe d'une nouvelle division de la France, que d'un chiffre : le quotient 8. *A la ligne droite des Etats américains, nos ministres vont substituer le chiffre inflexible.*

Nous ne sommes même plus dans la géométrie, nous tombons dans l'arithmétique pure :

Qu'est-ce que ce quotient 8, chiffre fatidique qui va dominer nos destinées? Oh ! en vérité, le résultat d'une opération de l'esprit assez simple. Les calculateurs de la Chambre des députés se sont avisés que, pour que la répartition des sièges de députés entre les différentes listes des partis politiques, quand ces listes sont au nombre de trois ou quatre, ait des chances d'approcher l'exactitude arithmétique, il fallait que le nombre de ces sièges à répartir fût au moins de huit. Or, il n'y a en France que dix-sept départements dont l'étendue et la population méritent huit députés. Ces dix-sept départements, seuls, seront autonomes et garderont une personnalité vieille déjà de cent vingt ans. Les autres, qui n'ont droit qu'à six, cinq, quatre ou trois députés, seront accouplés deux par deux dans des *mariages républicains* où la raison ni l'inclination n'auront guère de part, ou même, dans deux ou trois cas, fort rares il est vrai, groupés trois par trois, en trinités sans unité. Ainsi la France, qui présente déjà un inextricable enchevêtrement de divisions diverses, divisions administratives, judiciaires, militaires, académiques, commerciales, économiques, forestières, religieuses, etc., sans compter l'ancienne division historique des provinces, encore vivace en beaucoup d'esprits, comptera désormais une série de divisions nouvelles : les divisions électorales. Ce sera une carte de plus dans les atlas scolaires, un nouveau casse-tête pour les écoliers. Le nombre de ces divisions électorales sera d'environ cinquante. En effet, bien que nous ne connaissions pas encore dans ses détails le projet du gouvernement, on peut estimer qu'il y aura **17** départements autonomes ou solitaires, 9 départements qui seront groupés par groupes de 3, ce qui fera 3 circonscriptions, et 60 départements groupés par **2**, ce qui fera 30 circonscriptions ; soit au total, comme je le disais, **50**.

M. André Lefèvre, montant à la tribune après M. Poincaré, n'eut pas de peine à faire éclater l'absurdité de pareilles conceptions :

Il n'est pas possible de se livrer au couplement des départements qui vous est proposé, et j'ai l'intention de démontrer en quelques mots que ce couplement ne répond à rien et ne repose sur rien d'autre qu'un souci de diminuer arithmétiquement la valeur des restes, résultat que l'on peut atteindre bien mieux par tout autre procédé, notamment par un second tour de scrutin.

La méthode qui a été suivie ne repose, à mon sens, sur aucune idée logique, et j'ai été un peu surpris quand j'ai entendu, tout à l'heure, l'honorable M. Groussier dire à la gauche : « C'est vous qui nous avez demandé la région, et aujourd'hui vous protestez parce que nous vous l'apportons. » Il m'est apparu que notre collègue commettait une grave erreur[1], car ce qu'on ap-

---

1. Erreur partagée par beaucoup. J'indiquerai *le Temps* (14 juin 1912) :

« Les arrondissementiers crient plus fort que jamais. Quand il s'agissait de démolir le premier projet, ils allaient

porte ici, ce n'est ni de près ni de loin la région, parce que cela ne touche ni de près ni de loin à la réorganisation administrative, parce que, pour le faire, on ne s'est nullement inspiré de considérations économiques ou géographiques. On s'est inquiété simplement de constituer des circonscriptions réunissant un nombre donné de députés, exactement, comme s'il pouvait y avoir un lien entre les additions de députés qu'on faisait et les intérêts économiques qu'on laissait tranquillement de côté...

Dans cette affaire, on applique un peu trop l'arithmétique à des sujets auxquels elle ne saurait s'appliquer aussi étroitement...

Tout en étant proportionnaliste, je me refuse à accoupler arbitrairement des départements...

Tout en restant très résolument proportionnaliste, je ne voterai point la réunion des dépar-

---

disant : « Ah ! si seulement vous nous aviez donné la « région ! » Et maintenant qu'on la leur offre, ils la repoussent avec indignation. »

Le problème de la région est autrement complexe et délicat que n'imaginent *le Temps* et M. le rapporteur Groussier ! Cf. plus loin le chapitre intitulé *les Républiques sous le Roi* (René de Marans, *Action française* mensuelle du 15 juillet 1912) : « On a pu se rendre compte du malentendu profond que recouvre l'emploi fait du mot même de *régionalisme*... La réforme administrative est une chose, et le régionalisme en est une autre. Ces deux choses s'unissent fort bien entre elles, mais le régionalisme ne recevrait nullement satisfaction d'un simple élargissement des cadres, tenant compte uniquement des quantités et non des qualités. »

tements. Je ne la voterai point, car elle ne rappelle en aucune façon la réforme administrative avec laquelle on prétend la confondre, et ce serait peut-être un mauvais procédé pour faire gagner dans ce pays des sympathies à la réforme administrative que de lui en présenter *quelque chose qui, inspiré uniquement de considérations électorales, n'est en réalité que la caricature du régionalisme.*

Cette vigoureuse critique était sans réplique. M. Poincaré n'y répondit pas.

Dans la même journée, plusieurs orateurs, les uns de façon directe, les autres de façon incidente, présentèrent des considérations analogues à celles de M. Lefèvre.

C'est M. Gheusi, qui acceptait cependant le scrutin départemental, mais comme une « étape » imposée par les circonstances politiques du moment, et ajoutait : « Dans notre sentiment intime, nous rêvons d'un avenir prochain où nous pourrons, dans l'élargissement de la vraie région, affirmer et défendre les programmes d'action réformatrice qui nous sont chers[1]. » M. Gheusi s'élevait contre « l'accouplement trop hâtif des départements tel

---

1. *Journal officiel*, p. 1720.

qu'il nous a été présenté par la commission », « cet accouplement précipité, qui esquisse si maladroitement de fugitives circonscriptions électorales ».

A côté de M. Gheusi, qui, en attendant mieux, acceptait donc le scrutin départemental dans une pensée de concorde républicaine et comme un compromis entre arrondissementiers et régionalistes, il y avait les régionalistes qui, plutôt que d'engager leur programme dans des conditions aussi défectueuses, préféraient en remettre à plus tard la réalisation et, de même que M. Gheusi, demandaient que l'unité électorale choisie fût le département. De ce nombre étaient MM. Jules Cels [1] et Georges Ponsot.

M. Jules Cels :

Contrairement à mon collègue et ami M. Andrieux, j'ai la foi proportionnaliste, et aussi la foi régionaliste. Et c'est comme proportionnaliste et comme régionaliste que je viens demander à la Chambre de maintenir le département comme circonscription électorale de base.

Comme proportionnaliste, parce que, si le

---

1. M. Cels a déposé une proposition de loi en novembre 1910.

groupement des départements — tel qu'il figure au projet du gouvernement — était adopté par la Chambre, la conséquence inéluctable en serait que trente départements français, qui sont accolés *de la manière la plus artificielle* à d'autres départements dont la population électorale est plus nombreuse, seraient complètement privés de représentation à la Chambre des députés. Et c'est justement parce que je suis proportionnaliste et que je veux l'aboutissement de la proportionnelle que je suis l'adversaire de cette solution ; car je suis convaincu que la première application d'une disposition aussi contraire au principe de justice aurait pour effet d'empêcher l'esprit public de continuer à la représentation proportionnelle la collaboration qu'il lui a toujours appportée jusqu'ici.

Au point de vue régionaliste, le projet du gouvernement, s'il était appliqué, aurait cette conséquence désastreuse que 30 départements français accolés, comme je l'ai déjà dit, à des départements de population plus grande, se trouveraient être en quelque sorte des départements vassaux des autres, qui seraient les départements suzerains. Car, enfin, il faut reconnaître la vérité : lorsqu'un département n'aura pas de représentants à la Chambre, quelle sera la situation de son conseil général et quelle sera la situation des sénateurs (car, naturellement, vous laissez subsister les sénateurs) qui n'auront plus de collègues à la Chambre des députés ?

C'est ce point essentiel que je voudrais développer. Toute mon argumentation, qui tend à prouver que *l'application du projet du gouvernement serait désastreuse pour la proportionnelle et désastreuse pour le régionalisme*, est basée sur ce fait : Lorsque deux départements sont couplés, que l'un a une population électorale plus grande et l'autre une population électorale plus faible, le département qui a la population électorale faible n'aura pas de représentants à la Chambre[1].

Et plus loin (p. 1704) :

Je suis absolument convaincu que le projet du gouvernement détruirait toute idée de proportionnelle et rendrait impossible le régionalisme auquel je tiens par-dessus tout pour faire la réforme administrative et augmenter l'activité économique du pays.

Quant à M. Ponsot, précisant sa pensée mal interprétée par le président du Conseil, il déclare qu'il est régionaliste[2], mais qu'il veut « la vraie » région. Plutôt que d'accepter l'à peu près offert par la commission, il atten-

---

1. *Journal officiel*, p. 1703.
2. M. Ponsot écrit à *la France de Bordeaux et du Sud-Ouest*, 14 mars 1914 : « Seule, la décentralisation pourra vivifier l'action provinciale, faire de villes importantes

dra comme M. Ce*l*s, et, pour l'instant, il demande le scrutin départemental :

Si M. le président du Conseil veut nous conduire non point par des chemins vicinaux, non pas même par des chemins départementaux, mais par le grand chemin provincial, vers la région moderne, s'il nous fait entrevoir une région correspondant à l'activité moderne, à toute l'activité économique de la France, nous le suivrons. Mais, aujourd'hui, vous nous présentez des demi-régions, des compléments de départements ; vous nous offrez, monsieur le président du Conseil, un présent que nous ne pouvons pas accepter, parce que — vous l'avez dit il y a un instant — il n'a pas encore sa forme définitive. En effet, le registre des réclamations est ouvert, les départements sont interchangeables. *Ce sont des apparences et des ébauches de régions.*

Oui, je suis régionaliste, comme votre ministre de l'Intérieur, mon honorable ami M. Steeg,

comme Bordeaux la capitale d'une région dotée d'un petit parlement légiférant pour la province. Alors, les Assemblées nationales seront décongestionnées ; alors la vie régionale renaîtra ; alors nous serons revenus à la vérité politique et administrative, qui est celle-ci : la Chambre des députés faisant des lois pour la nation, l'assemblée régionale s'occupant des intérêts de la province. »

Cependant, je note que, dans la profession de foi qu'il vient d'adresser à ses électeurs du Jura, M. Ponsot n'accorde pas la moindre pensée, pas *un* mot, à la décentralisation qui *seule* « pourra vivifier l'action provinciale... ».

qui me prend, à ce moment précis, sous sa protection.

M. Steeg, répondant au nom du gouvernement à M. Jaurès qui défendait l'apparentement interdépartemental, disait : « Nous ne voulons pas de ces régions fugaces, fugitives et fuyantes, *de caractère précaire*, qui durent l'espace d'une consultation électorale, se superposant au département qui, lui, est un organisme actif et vivant. Ce que nous voulons, c'est la grande région administrative. » Je reste de l'avis de M. Steeg [1].

M. Maurice Viollette n'est ni régionaliste, ni proportionnaliste. Il se dit décentralisateur. Mais il estime que la réforme administrative peut et doit se faire dans le cadre du département. Et, à ce propos, il plaisante les variations du gouvernement en la matière [2] :

J'entends bien, messieurs, qu'on a prononcé le mot de réforme administrative. C'est bientôt dit ; mais quelle réforme administrative ? Avez-vous, monsieur le président du Conseil, un

---

1. Ces paroles de M. Steeg sont tirées du *Journal officiel* du 12 février précédent. On a attribué à M. Steeg la paternité du découpage régional présenté aux Chambres par le ministère Poincaré.
2. *Journa officiel*, p. 1717.

plan de réforme administrative ? Et, si vous en avez un, est-ce un plan définitif ou un plan provisoire ?

Si votre plan définitif de réforme administrative ressemble à votre plan provisoire, comme le quotient avec région ressemble au quotient avec l'utilisation départementale et interdépartementale des restes, je n'ai pas besoin de dire qu'avertis par l'exemple, nous pourrions peut-être faire, le cas échéant, au moins l'économie de la discussion du plan provisoire. Mais même ce projet provisoire, où est-il ? où a-t-il été formulé ? Dès lors, j'en appelle à la sagesse de M. le président du Conseil : ne trouvez-vous pas qu'il est singulièrement hardi et imprudent de commander l'uniforme sans savoir qui sera appelé à le porter ?

Je regrette de dire que M. le président du Conseil, à mes yeux, — insuffisamment clairvoyants, sans doute, — n'a pu que par une vue de dilettante parler de la réforme administrative sans avoir mesuré qu'elle est conditionnelle, et subordonnée par la force des choses, par les intérêts économiques souvent contradictoires, mais légitimes de ce pays.

La réforme administrative ne consiste pas, d'ailleurs, uniquement à repérer les courants économiques, et je ne sache pas qu'un tel recensement ait été envisagé par le gouvernement. Elle consiste encore et surtout à les hiérarchiser. Pour bouleverser ce vieil organisme social qui s'est développé au cours de tout un siècle, il aurait peut-être fallu des enquêtes approfondies et contradictoires. Où sont ces enquêtes ? Et peut-il dépendre de la fantaisie d'un ministre de prendre deux départements et, comme vous dites, de les accoupler ? Et j'avoue que la brutalité de l'expression dépeint assez l'opération.

Citerai-je encore quelques-unes des critiques apportées contre la partie régionale du projet de loi ?

M. Jean Javal :

Nous estimons que les groupements de départements qui nous sont proposés, loin de favoriser la réforme administrative, ne seraient qu'une entrave nouvelle à cette grande œuvre [1].

M. Louis Andrieux reproche au gouvernement de « découper arbitrairement la carte de France, sans souci des intérêts légitimes qui doivent être représentés et en ne se préoccupant que d'une œuvre de basse arithmétique qui consiste à rechercher un chiffre moyen de population pour élire un chiffre moyen de députés... ».

---

1. Journal officiel, p. 1676.

Il est vrai qu'on vous dit : Nous allons par là préparer la réforme administrative... Croyez-vous que vous allez faciliter l'application de cette réforme promise, par vos découpages arbitraires ? Ne voyez-vous pas que vous allez la compromettre et la rendre impossible[1] ?

M. Fernand Brun :

Parmi les caractères essentiels de ce nouveau projet, il en est un que je considère comme un vice rédhibitoire absolu ; c'est une disposition aussi nouvelle qu'inattendue, c'est ce système régionaliste que personne ne réclamait, que personne ne désirait, c'est cette division arbitraire de la France découpée par régions, ce morcellement géographique de fortune et de hasard, cette tentative originale, audacieuse même, peut-on dire, de reconstitution de nos anciennes provinces, avec cette particularité cependant et cette innovation que, pour créer ces circonscriptions régionales, on s'est surtout attaché à ne tenir aucun compte ni de la similitude des mœurs, des habitudes, du tempérament et du caractère des populations, ni de la communauté des intérêts, ni des traditions historiques, ni des affinités naturelles et économiques ; les rédacteurs du projet nous paraissent, en effet, avoir été uniquement dominés par des préoccupations abstrai-

---

1. *Journal officiel*, p. 1677.

tes, d'aucuns ont dit « académiques », par des préoccupations exclusives d'arithmétique pure et de proportionnelle intégrale, et aussi surtout par le souci d'assurer à cette chose désormais sacro-sainte qu'est devenue le quotient, le rôle prestigieux et décisif qu'il est appelé, nous dit-on, à jouer dans notre nouvelle organisation sociale.

Messieurs, avec de pareils procédés, avec une semblable méthode, qui consistent à négliger, à dédaigner les réalités palpables pour se tenir dans les hautes sphères de la spéculation philosophique et des mathématiques intégrales, à quelles conséquences devait-on aboutir [1] ?

M. Paul Painlevé, après avoir, lui aussi, critiqué le projet, fait part à l'assemblée de son « scepticisme » sur l'issue du débat :

Il me paraît difficile que ces couplements résistent à la double discussion de la Chambre et du Sénat, parce qu'ils ont quelque chose d'artificiel, parce que, loin de préparer la région, ils la rendraient peut-être plus difficile, parce que des couplements de départements qui ne sont justifiés que par des raisons d'arithmétique électorale ne sont pas destinés à une vitalité naturelle.

Voilà pourquoi, en ce qui me concerne, je

1. *Journal officiel*, p. 1525.

présume que l'on rentrera dans le cadre du département¹.

En effet, dans la séance du 25 juin, la Chambre adopta un amendement de M. Javal ainsi conçu : « Chaque département forme une circonscription électorale. » C'était la ruine de la disposition que le président du Conseil, huit jours avant, le 17 juin, avait déclarée « essentielle » et même « intangible »². C'était l'échec du premier effort que le gouvernement de la République ait fait, au Parlement, pour amorcer l'établissement de grandes régions.

Bienheureux échec. Comme plusieurs des orateurs que je viens de citer en avaient fait la remarque, le découpage proposé ajoutait une nouvelle série de divisions artificielles et arbitraires à celles qu'il y aura lieu de détruire le jour où l'on pourra entreprendre le problème régionaliste dans un esprit rationnel. Au lieu de faciliter la tâche, elle la compliquait ; au lieu de l'alléger, elle l'alourdissait ; elle l'embrouillait, au lieu de l'éclaircir. L'œuvre de la Constituante est à rema-

1. *Journal officiel*, p. 1673.
2. *Ibid.*, p. 1527.

nier en ce qui concerne les divisions primaires (canton, département, quelquefois arrondissement) qu'elle institua ; mais la zone supérieure de l'organisation provinciale est intacte, on pourra donc y construire directement, sans avoir rien à déblayer, sans se heurter aux droits acquis d'organismes introduits en violation du plan naturel.

Il est vrai que le vote du 25 juin consolidait, d'une part, la création artificielle du département, et, d'autre part, affaiblissait encore celle de l'arrondissement, qui, cependant (nous le verrons dans un autre chapitre), est la seule à correspondre à une réalité. Mais le vote du 25 juin a été un vote mort-né. Il a eu pour résultat d'arrêter net la réforme électorale. Les élections de ces jours-ci (avril-mai 1914) se font comme devant, dans les collèges d'arrondissement.

Tout est bien qui finit bien : le Parlement aura perdu beaucoup de temps en discussions stériles. C'est ce qui pouvait arriver de mieux, puisqu'il est à peu près assuré d'accroître le mal quoi qu'il fasse ; en l'espèce, qu'il décrétât de factices circonscriptions régionales ou qu'il renforçât la division départementale, dans l'un et l'autre cas il opérait au rebours des besoins du pays. De plus, l'issue de ces longs débats dans le vide a apporté aux esprits réfléchis une nouvelle raison — déterminante pour plusieurs — de se détacher d'un système politique qui apparaît de plus en plus et en toutes matières affligé d'une incapacité profonde d'accomplir aucune réforme positive. Enfin, « cette fausse alerte provoquée par l'incursion des fabricants de panacées électorales dans les réalités françaises »[1] a déterminé tout un mouvement d'idées dont le courant du régionalisme s'est trouvé grossi[2].

1. René de Marans, *l'Action française* (revue), 15 juillet 1912, p. 45.
2. Le volume édité par Alcan sur *les Divisions régionales de la France* a certainement son origine dans les préoccupations que fit naître le projet de loi. L'article de M. Aulard à la *Grande Revue* sur *Départements et Régionalisme* (10 septembre 1912) n'avait pas d'autre but que de patronner ce même projet. Les collections du *Correspondant* (articles du baron Angot des Rotours, 10 août; de M. Lefebvre Saint-Ogan, 10 novembre) témoignent pour un autre milieu de l'attention que l'on donnait au problème soulevé. En la seule année 1912, si je consulte mes dossiers, — établis au hasard des lectures, — je retrouve d'importantes études dans la quasi-totalité des journaux de Paris et des provinces. Je citerai en particulier l' « Enquête sur la Réforme administrative » menée aux mois de septembre-octobre par *la Petite République* : les trois articles de J. Charles-Brun au *Petit Journal* (avec une carte tenant toute une page), 5, 12, 18 juillet ; les trois articles de J. Arren à *l'Éclair*

⁎⁎⁎

A côté du *projet* déposé par le cabinet de M. Poincaré, il convient de faire une place [1] dans ce rapide historique à la *proposition* de loi présentée par M. Charles Beauquier le 5 février 1907, reprise le 9 juin 1910. L'exposé des motifs débute par ces lignes :

Ce n'est pas la première fois que la Chambre est saisie par nous d'une proposition tendant à réformer l'organisation administrative de la France. Depuis dix-sept ans, nous poursuivons cette réforme...

En effet, la première proposition régiona-

---

de Paris, 7, 15, 21 juillet ; les trois articles d'Eugène Poitevin à *la Bataille syndicaliste* des 27 octobre, 10 et 16 décembre, etc., etc. On trouvera dans *l'Action régionaliste* de précieux relevés à ce sujet, et — comme toujours — dans le Criton de *l'Action française* des extraits de tout ce qui s'est publié d'essentiel.

1. Je négligerai la proposition de loi tendant à la réorganisation administrative, judiciaire et économique de la France, présentée par M. Soussial le 2 juillet 1912. C'est le fameux système du Patriarche ! M. Soussial est un fort plaisant Hégésippe Simon. Mais il est venu beaucoup trop tard dans ce monde trop vieux. L'ère des précurseurs est close. M. Soussial a eu moins de succès que son pseudo-confrère. Sa proposition de loi fut renvoyée à la commission de la réforme judiciaire et de la législation civile et criminelle où l'on me dit qu'elle fut enterrée — de première classe —, **sous les rires les plus gais.**

liste Beauquier est du 7 juin 1890. L'auteur l'a remaniée plusieurs fois et fidèlement représentée à chaque nouvelle législature. Au 25 février 1902, elle prévoyait 22 régions. Par suite d'un accord intervenu entre la commission et lui, il éleva le chiffre à 25. C'est celui que portent les textes de février et de juin 1910 :

Le système consiste à supprimer les départements et les arrondissements actuels et à les remplacer par vingt-cinq régions. Seule serait maintenue la division en cantons et en communes. Chaque région prendrait le nom de son chef-lieu (région de Bordeaux, région de Lyon, région de Nancy, etc.) et se subdiviserait en six ou sept districts. Elle serait représentée par un conseil, composé d'un membre élu par canton. Bien entendu, les conseils d'arrondissement et conseils généraux seraient supprimés. Le conseil régional nommerait un conseil permanent chargé de l'exécution des décisions dudit conseil. Quant à l'exécution des lois et à la sauvegarde des grands intérêts de l'État, elles seraient assurées par un commissaire régional, nommé par décret, et par autant de sous-commissaires que la région comporterait de districts [1].

1. Exposé des motifs, p. 21-22.

Au texte de la proposition de février 1907 est annexé un rapport présenté par M. Emile Morlot le 6 décembre 1902, au nom de la commission de décentralisation administrative. Ce rapport esquisse une délimitation des 25 régions, dont on pourra retrouver les grandes lignes aux appendices du *Régionalisme* de M. Charles-Brun[1].

A notre connaissance, la proposition Beauquier n'est jamais venue en discussion à la

---

1. P. 270-271. Au même appendice, consulter le résumé d'un certain nombre de projets émanant tant de l'initiative privée que de l'initiative parlementaire :

Béchard, 21 circonscriptions ; Raudot, 25 provinces ; Auguste Comte, 17 intendances ; Le Play, 13 provinces ; Fournier de Flaix, 19 régions ; Hervé Bazin, 24 provinces ; F. Lepelletier, 27 provinces ; P. Foncin, 32 régions ; G. Sortais, 24 provinces ; Cordier-Joly, 18 régions ; L. Sentupéry, 20 régions ; colonel Royal, 15 régions ; Maurice Toussaint, 27 provinces ; Henri Barré, 15 régions ; la Tour du Pin Chambly, 16 gouvernements provinciaux ; Henri Mazel, 7 régions et 23 sous-régions ; Lhuillier, 21 provinces ou préfectures ; B. Sarrieu, 16 provinces ; J.-B. Ruffin, 7 régions et 24 sous-régions ; J. Fèvre et H. Hauser, 12 régions naturelles ; P. Vidal de la Blache, 17 régions ; Ch. Noyer, 6 grandes régions ; Ch. Garriguet, 30 départements ;

Raudot, 24 régions ; Hovelacque, 18 départements ; Lanjuinais, d'Aillières, Ramel, etc., 23 régions ; Cornudet, Lockroy, etc., 24 régions ; Ramel, Mackau, etc., 20 régions ; Louis Martin et Chassaing, 18 départements (proposition Hovelacque) ; Charles Beauquier, 22, puis 25 régions.

A ces projets indiqués par M. Charles-Brun ajoutons celui de M. Cayla, *Revue politique et parlementaire*, et celui de M. Leroy-Beaulieu, *Economiste français*.

Chambre. Mais elle est extrêmement connue. Presque toujours, c'est à elle que se réfèrent les articles de journaux. Les revues les plus graves l'ont discutée, approuvée ou combattue. Cf. notamment l'étude de M. Bienvenu-Martin, dans *la Revue politique et parlementaire,* 10 février 1911, intitulée *Un Projet de réforme administrative, l'organisation régionale de la France.* M. Bienvenu-Martin fait d'abord observer que ce projet, qui vise à la simplification des rouages administratifs, commence par les multiplier :

C'est un régionalisme de superposition, non de remplacement, qui ne supprime aucun des organes existants, mais en crée de nouveaux, surajoutés aux premiers.

En second lieu, la proposition réalise un véritable trompe-l'œil :

Si l'on se contente d'enlever à l'État la tutelle dont il est investi pour la transporter en d'autres mains, on ne fera point acte de décentralisation ; un changement de tuteur n'est pas l'émancipation. Or, n'est-ce pas à un simple déplacement d'attributions qu'aboutit la réforme proposée ? Elle supprime les préfets, mais elle met à leur place des commissaires régionaux qui recueilleront l'héritage des premiers, notablement agrandi. Lorsqu'elle aura été réalisée, les administrés jouiront-ils d'une liberté plus grande ?

En troisième lieu, la proposition Beauquier et les propositions semblables exagèrent fort les économies budgétaires que leur réalisation permettrait d'effectuer. M. Bienvenu-Martin se livre à une suite de calculs que je ne puis reproduire, mais desquels il semble résulter qu'il ne découlerait de l'opération qu'une économie de 10 millions à peine :

Ajoutons qu'une notable partie de cette économie pourrait être obtenue sans qu'on portât atteinte à l'existence des départements ; il suffirait que le gouvernement, usant d'une prérogative qui lui appartient, réunît plusieurs départements dans une direction unique en ce qui touche les postes, les contributions directes et indirectes, les domaines, les ponts et chaussées, comme on l'a fait pour les forêts et les mines. De sorte que la grande réforme dont les régionalistes attendent le facile équilibre de nos budgets en déficit se résumerait finalement dans une réduction de dépenses d'environ 4 millions pour le budget de l'État et d'une somme un peu moindre pour les budgets départementaux.

Et c'est pour ce faible gain que l'on viendrait bouleverser de fond en comble notre régime administratif, jeter la perturbation dans les multiples intérêts qui ont pris naissance à l'abri de la constitution de 1790, entreprendre, en un mot, une œuvre grosse de difficultés et de périls !

En terminant, M. Bienvenu-Martin attire l'attention sur les insurmontables difficultés pratiques que rencontrerait la réforme proposée ; j'aurai occasion de citer ces intéressantes considérations [1].

*
* *

Une autre proposition de loi très connue, bien que toute récente, est celle qu'ont déposée, le 9 mai 1913, MM. Jean et James Hennessy, de Lanessan, Voyer, Paul Mairat, Robert David, de Montjou, Beauchamp. C'est la proposition de loi dite de *la Profession représentée dans la région organisée*. On remarquera que ses auteurs appartiennent tous aux Charentes, au Poitou ou au Périgord ; celui qui en est le boute-en-train,

1. Chapitre III, p. 131-132, et appendice VIII, p. 268.

M. Jean Hennessy, est député de Barbezieux.

L'idée de cette proposition de loi est née au cours de réunions d'ordre économique, tenues en 1911 et 1912, à Barbezieux et à Poitiers. Les industriels et les commerçants qui assistaient à ces réunions sentaient en commun le besoin : 1° de décharger le Parlement des besognes qui l'encombrent et pour lesquelles il n'est point fait ; 2° d'élargir le cadre départemental, trop petit ; 3° de faciliter l'accès des compétences professionnelles au sein des assemblées administratives de la région. L'idée éveilla de fortes sympathies chez plusieurs syndicats agricoles. Un certain nombre d'entre eux prirent l'initiative de convoquer à Angoulême les représentants de toutes les professions des pays circonvoisins pour débattre les conditions de la réforme projetée. C'est de cette réunion qu'est sortie la proposition de loi Hennessy-Lanessan, et aussi la *Ligue de représentation professionnelle et d'action régionaliste* [1], destinée à appuyer par un mouvement d'opinion dans

---

1. Paris, 52, rue des Acacias. Sur simple demande, le secrétariat envoie les brochures de propagande éditées par la ligue.

le pays la réforme proposée au Parlement. Par ses soins, une quantité d'articles ont été publiés dans la presse parisienne (Jean Hennessy au *Matin*, André de Marcillac [1] à *Excelsior*, etc.) [2]. D'importantes réunions ont été tenues : le 1ᵉʳ juin à Narbonne, le 3 juin à Montpellier, le 6 juillet à Nîmes, le 13 juillet à Fontgombaud, les 21, 22, 23 et 24 août au Puy-en-Velay, le 26 octobre à Lille, le 16 novembre à Limoges, le 28 novembre à Bordeaux. En outre, les 31 janvier et 1ᵉʳ février 1914, la ligue a tenu, à Toulouse, un grand congrès où s'étaient fait représenter une centaine de chambres de commerce, syndicats et associations diverses.

La proposition de loi Hennessy se définit elle-même de la façon suivante : *Proposition de loi tendant à substituer aux circonscriptions administratives départementales des circonscriptions administratives régionales, à leur*

---

1. Président de l'Union des syndicats agricoles du Périgord et du Limousin, auteur d'un ouvrage remarquable sur *les Syndicats agricoles*, Victor Lecoffre, Paris 1913.

2. Cf. une intéressante enquête de *la Réforme sociale* (numéros du 1ᵉʳ novembre 1913 au 16 avril 1914) ; réponses de MM. François Latour, Frédéric Charpin, Louis Boucheron, etc.

organisation, et à la nomination, dans chaque région, d'assemblées régionales et professionnelles. Essentiellement, l'originalité de la réforme préconisée consiste donc dans la substitution d'assemblées régionales et professionnelles aux conseils généraux des départements actuels. Encore est-ce trop dire que de parler d'assemblées professionnelles, la proposition de loi ne faisant que favoriser l'accès plus nombreux des compétences professionnelles dans ces assemblées régionales. Voici, d'ailleurs, quel serait le mécanisme, d'après l'exposé qu'en a tracé M. Hennessy au congrès de Toulouse :

Nous avons d'abord pensé que nous devions respecter la liberté des électeurs. Nous avons alors établi une catégorie où les électeurs pourraient, s'ils le désiraient, rester confondus selon la communauté de résidence, catégorie qui engloberait aussi tous ceux qui n'auraient pas une profession se classant d'une façon très nette dans une grande catégorie professionnelle; puis nous avons cherché à déterminer quelles étaient les grandes catégories professionnelles de la nation. Nous nous sommes mis d'accord sur les quatre premières catégories : agriculteurs, commerçants, membres des professions libérales et industriels.

Puis nous avons créé une cinquième catégorie, parce que personne ne voulait les accepter, pour les fonctionnaires ; en tout, par conséquent : six catégories. Ces six catégories auront chacune à désigner des représentants, mais il doit être entendu à l'avance qu'elles ne pourront les prendre que parmi leurs membres.

Le seul point sur lequel il faille au préalable se mettre d'accord, c'est sur le nombre de sièges revenant à chaque catégorie professionnelle.

Nous avons pensé qu'il était juste, d'une part, que chaque catégorie fût représentée à la fois en raison de son importance et au prorata du nombre de ses électeurs.

Nous avons divisé, pour satisfaire à cette double nécessité, les sièges en deux parties. Nous attribuons par parties égales la première moitié à chacune des six catégories.

Supposons que nous ayons une assemblée de 60 membres : 30 sièges appartiennent de droit aux six catégories, c'est-à-dire cinq sièges à chaque catégorie ; les trente sièges qui restent sont ensuite répartis entre les catégories professionnelles, au prorata du nombre des électeurs.

Chaque catégorie est donc effectivement représentée, et les catégories plus nombreuses sont représentées plus que les autres.

Il ne saurait entrer dans le plan de ce livre

de présenter une critique [1] complète de la proposition de loi Hennessy. Si l'on en avait la place, l'on aimerait montrer quelques-unes des erreurs historiques — par trop fortes — qui troublent la source d'où elle découle. Je ne sais pas si M. Hennessy compte faire l'union des régionalistes en s'élevant, dans chacun de ses discours de propagande, contre les « autocrates » de l'Ancien Régime. Il n'y a pas que des républicains parmi les régionalistes, parmi les présidents de syndicats agricoles, parmi les présidents des chambres de commerce ! Il se pourrait donc que ces sorties maladroites fussent très directement dommageables au but poursuivi. J'en dirai autant des déclarations républicaines qu'il arrive à

---

1. Cf. M¹⁵ de la Tour du Pin, *Revue critique des Idées et des Livres*, 10 mai, et *Action française*, 27 mai 1913 ; Criton, *Action française*, 17 mai. Cf. en outre l'enquête de *la Réforme sociale*.

[Cette enquête était dirigée par Frédéric Charpin, secrétaire de rédaction de *la Réforme sociale*, tombé au champ d'honneur comme lieutenant de réserve, le premier mois de la guerre.

Rédacteur en chef de *l'Action régionaliste*, directeur de la Bibliothèque régionaliste, publiée chez Bloud, Frédéric Charpin, ardent patriote provençal et fédéraliste convaincu, a tenu une grande place dans le mouvement décentralisateur de ces dernières années. Sa mort glorieuse laisse un vide qui sera difficilement comblé.]

tels et tels orateurs de la ligue de faire dans leurs harangues. Quand on déclare placer un mouvement en dehors et au-dessus de la politique, la simple honnêteté commanderait de se tenir dans les limites du pacte consenti...

Quoi qu'il en soit, il est certain que présenter la création des départements comme une œuvre admirable à sa date et qui aurait seulement le tort de ne plus correspondre à la réalité, c'est commettre une grosse erreur, non seulement une erreur en soi, mais une erreur de nature à fausser la création nouvelle que l'on ambitionne d'instaurer. Cela prouve à tout le moins que l'on n'a pas la compréhension de tous les termes du problème. Et, en effet, les orateurs de la Ligue de représentation professionnelle et d'action régionaliste ne parlent que des intérêts économiques. Or ces intérêts ne sont pas tout. N'envisageant qu'eux, on se condamne à remplacer une œuvre caduque par une autre aussi éphémère, infiniment inégale à la complexité des intérêts à satisfaire. Le travail sera donc à recommencer comme ayant manqué le but. En attendant, le trouble de la situation générale n'aura fait que s'accroître.

On nous dit que le préfet régional aura les *mêmes* prérogatives qu'aujourd'hui le préfet de département. Je demande : — En quoi aurez-vous facilité les entreprises de nos collectivités régionales ? En quoi aurez-vous diminué la lenteur des bureaux paperassiers ? En quoi vous serez-vous libéré de la sujétion du pouvoir central ?

On nous dit que l'on aura séparé de la Politique l'Économique, celle-ci se traitant désormais dans les assemblées professionnelles de la région, celle-là continuant à se débattre au Parlement. Tout de suite, je demande par une question préalable : — S'il en est ainsi, si votre texte de loi opère une séparation aussi radicale, comment pouvez-vous espérer que les parlementaires consentent à se dessaisir[1] du plus beau de leur royaume et à se créer de leurs propres mains des concurrents ? L'industrie parlementaire n'est pas un vain mot. Vous rêvez d'une nouvelle nuit du 4 août ?

---

1. Dans le discours prononcé par M. Hennessy à la Chambre des députés le 19 février 1914, je note (*Officiel* du 20, p. 913) divers « *Applaudissements à droite* » et « *Très bien ! au centre* », mais le passage où l'orateur a parlé de « diminuer l'étendue des attributions » parlementaires ne porte pas trace du moindre assentiment.

Il semble donc que les membres de la Ligue de représentation professionnelle et d'action régionaliste ne nourrissent pas moins d'illusions [1] sur les possibilités de la démocratie, que d'erreurs et de préjugés sur notre passé national politique. Aussi bien, ceci ne commande-t-il pas cela ?

*
* *

Passons aux propositions de loi qui concernent la décentralisation communale.

La proposition de loi de M. Beauquier devait recevoir une rallonge de ce côté-là. Son

---

1. *Dernière heure.* — Les élections législatives viennent d'avoir lieu. Les journaux publient les résultats. MM. Jean et James Hennessy ont été réélus au premier tour (une grosse fortune explique bien des choses), M. de Montjou au second. Mais M. Robert David est battu, M. de Lanessan est battu, M. Voyer est battu, M. Paul Mairat est battu, M. Beauchamp est battu. Sur huit signatures apposées au bas de la proposition de loi de *la Profession représentée dans la région organisée*, il faudra donc en biffer cinq. M. Marc Frayssinet lui était acquis, il avait pris la parole au congrès de Toulouse : il est battu ; M. Marc Doussaud lui était acquis, il avait pris la parole à la réunion de Limoges : il est battu. Voilà pour les députés sortants. Quant aux amis dont le petit groupe espérait se grossir dans la Chambre nouvelle, il doit y avoir un fait exprès, car tous les orateurs de la ligue ont été battus : M. Robert de Jouvenel à Sisteron, M. Ferroul à Narbonne, M. de Lacrousille à Périgueux. C'est ainsi que la Ligue de représentation professionnelle et d'action régionaliste conquiert l'opinion et la majorité parlementaire !

titre VII, *Des communes*, contient cet article unique : « *Article* 41. — Les cantons sont subdivisés en communes dont l'organisation fera l'objet d'un projet spécial. » M. Beauquier n'a jamais déposé le projet spécial qu'il annonçait en ces termes. Mais un certain nombre de sénateurs, parmi lesquels MM. Ferdinand-Dreyfus et Louis Martin, ont présenté, le 14 mars 1912, une proposition de loi qui peut être considérée comme en tenant lieu. Cette proposition de loi, portant modification de divers articles de la loi du 5 avril 1884 sur l'organisation municipale, a été renvoyée à la commission relative à l'organisation départementale et communale. Une lettre de M. Ferdinand-Dreyfus aux *Débats* du 31 juillet 1912 nous a appris qu'elle avait été « communiquée à M. le ministre de l'Intérieur » et que la commission avait « demandé à être saisie à bref délai des contre-propositions du gouvernement sur toutes les modifications qui lui paraîtraient nécessaires ». « Nous espérons », ajoutait la lettre, « que l'étude poursuivie par M. le sous-secrétaire d'État Morel ne tardera pas à aboutir. » Pour finir, la lettre devenait tout à fait pressante et même grandiloquente un tantinet :

Le ministère qui réalisera, sans bruit, cette réforme pratique et modeste aura bien mérité de la démocratie, et le concours du Parlement ne lui fera pas défaut.

Rapide à cueillir la gloire offerte, le ministre de l'Intérieur écrivit à l'honorable sénateur, le 10 août (*Temps* du 15) :

Monsieur le sénateur,

Pour répondre au désir que vous avez bien voulu m'exprimer, j'ai l'honneur de vous faire connaître que, par une circulaire en date de ce jour, j'adresse à chaque préfet un exemplaire de la proposition de loi dont vous êtes l'auteur et qui a pour objet la modification de divers articles de la loi du 5 avril 1884 sur l'organisation municipale.

J'invite ces fonctionnaires à soumettre cette proposition aux conseils généraux, au cours de leur prochaine session ordinaire, et à provoquer de la part de ces assemblées les observations que l'expérience des affaires administratives pourra leur suggérer.

Dès que les réponses me seront adressées, je m'empresserai de vous les faire parvenir.

Veuillez agréer, etc.

Th. STEEG,
ministre de l'Intérieur.

Nous croyons bien que le *curriculum* de la proposition Ferdinand-Dreyfus s'arrête là. Est-ce que le ministère Poincaré s'est lassé trop vite à courir l'ambition de « bien mériter de la démocratie » ? Est-ce que, contrairement à l'assurance donnée par la lettre de M. Ferdinand-Dreyfus aux *Débats*, « le concours du Parlement » fit « défaut » à ce ministère si bien disposé ? Le certain est que le « Ministère national » démissionna le 17 janvier, à la suite de l'élection de M. Poincaré à la présidence, et avant, sans doute, que l'étude poursuivie par M. le sous-secrétaire d'État Morel eût abouti. Il est vrai que celui-ci restait en place dans le nouveau ministère, ainsi que son chef de file Théodore Steeg. Mais le troisième ministère Briand ne dura que deux mois et quatre jours. Après quoi, vint le ministère Barthou, qui eut d'autres chats à fouetter, et le ministère Doumergue-Caillaux, dont aucun membre — non pas même M. Bienvenu-Martin[1], pas même les

---

1. La loi du 4 février 1901, qui augmente les pouvoirs des administrations communales en matière d'acceptation ou de refus de libéralités, est due à son initiative.

sous-secrétaires d'État Ajam et Raoul Péret [1] — ne passa jamais pour un féroce décentralisateur.

Ces conjonctures déplorables suffiraient à expliquer que la proposition de loi de MM. Ferdinand-Dreyfus et Louis Martin soit restée en route [2].

J'en dirai autant de l'active campagne menée parallèlement, à la Chambre, par M. Paul

---

1. Voir l'article de celui-ci, *Décentralisation et Tutelle administrative*, à *la France* de Paris du 14 septembre 1912.
2. En bref, cette proposition, qui s'inspirait des travaux de la commission extra-parlementaire de février 1895-juillet 1896 et de ceux de la commission interministérielle de mai 1906-octobre 1908, se préoccupait de « développer progressivement les capacités propres des communes et d'établir un peu plus de logique et de simplicité dans les relations entre les fonctions et les attributions qui s'y rattachent ». Les idées directrices étaient les suivantes :
1° Rendre exécutoires de plein droit et sans approbation de l'autorité supérieure un certain nombre de délibérations des conseils municipaux, de façon à élargir leurs attributions, à étendre leur compétence et à diminuer la tutelle administrative ;
2° Transférer du pouvoir central aux préfets diverses attributions relatives, notamment, à l'approbation des budgets communaux et aux traités de gré à gré ; faire descendre des préfets aux sous-préfets le pouvoir de statuer sur un certain nombre d'objets intéressant les communes, de façon à rapprocher l'administration des administrés et à affranchir les citoyens des formalités reconnues inutiles ;
3° Favoriser les associations de communes en vue d'organiser le service de la police rurale et le fonctionnement des secrétariats des mairies.

Meunier. Les vacances de 1912 lui furent religieusement consacrées. Je ne dis pas seulement les vacances parlementaires du député de l'Aube, mais les vacances du public, les vacances de ceux qui écrivent et les vacances de ceux qui lisent. J'ajoute : les vacances de nos conseillers généraux, les vacances de nos conseillers municipaux.

En effet, dans sa séance du 11 juillet, la commission d'administration générale de la Chambre des députés ayant chargé M. Paul Meunier, son vice-président, de lui présenter un rapport sur toutes les propositions dont elle était saisie et tendant à modifier soit la loi du 10 août 1871, soit la loi municipale de 1884, M. Meunier pria le gouvernement : 1° de soumettre à l'appréciation des conseils généraux diverses propositions les concernant[1] dont la commission était saisie, et 2° d'inviter, par l'organe des préfets, les conseils municipaux à indiquer quelles seraient, selon eux, les améliorations les plus urgentes à introduire dans la législation municipale. « Je ne crois pas nécessaire », ajoutait

---

1. Voir, aux Appendices, le texte du questionnaire.

M. Meunier dans sa lettre au ministre de l'Intérieur relative aux conseils municipaux, « je ne crois pas nécessaire d'annexer un questionnaire à la présente lettre, et je pense que le meilleur des questionnaires, et le plus précis, résultera, pour les conseils municipaux, d'une rapide lecture des dispositions principales de la loi du 5 avril 1884, que nous vous proposons de modifier, pour donner tout à la fois plus de liberté et plus d'autorité au pouvoir électif dans la commune. » On voit mal les conseillers municipaux de nos petites communes rurales (les plus intéressantes peut-être, celles, à coup sûr, qui souffrent le plus de la centralisation) s'essayer à formuler en langage administratif une liste de revendications !

Quoi qu'il en soit, après avoir déroulé son questionnaire sur le bureau des 89 conseils généraux, et ouvert le code municipal sur la table de nos 36.000 communes, M. Paul Meunier jugea utile d' « employer une partie de ses vacances à étudier sur place et à ses frais, bien entendu, quelques-unes des législations communales étrangères ». Les journaux du 1er août publièrent la lettre suivante du président du Conseil :

Monsieur le député,

Par une lettre du 21 juillet, vous avez bien voulu me faire connaître les conditions dans lesquelles vous comptez préparer le rapport dont vous avez été chargé, par la commission d'administration générale de la Chambre des députés, sur les diverses propositions de loi dont elle est saisie et qui tendent à modifier la loi municipale du 5 avril 1884.

Vous avez demandé en même temps que votre mission pût vous être facilitée auprès des gouvernements de la Suisse, de la Belgique, d'Italie, d'Espagne et de Portugal.

Je m'empresse de vous informer que j'adresse à nos agents dans ces pays des instructions conformes à votre désir.

Vous ne manquerez pas de trouver auprès d'eux les indications dont vous pourriez avoir besoin, et, s'il y a lieu, l'appui de leur intervention auprès des gouvernements intéressés.

Je tiens à ajouter que le gouvernement sera à la disposition de la commission et de son rapporteur pour l'aider dans une étude dont il sait l'importance pour la réorganisation administrative de la France.

Agréez, etc.

Signé : R. POINCARÉ.

L'histoire ne dit pas si, au retour de ce beau périple[1], M. Paul Meunier trouva chez lui beaucoup de réponses de conseils généraux, beaucoup de doléances et revendications de conseils municipaux. Elle ne dit pas même si M. Paul Meunier est arrivé à présenter son fameux rapport.

*
* *

Il convenait de fournir au lecteur le tableau un peu détaillé des plus récentes entreprises parlementaires de décentralisation. Une nouvelle législature va venir qui reprendra les mêmes vieux projets, en jurant de les mener à bien. Mais les ministères succéderont aux ministères, les gouvernements et les majorités se trouveront aux prises avec les mêmes difficultés renaissantes, et dans quatre ans, et dans huit ans, et dans douze ans, alors que toutes les monarchies qui nous entourent auront décentralisé selon les circonstances, la République française, si la France n'est pas morte, continuera d'offrir le spectacle dont Palmerston avait bien tort

1. Henry Cellerier, *Lettre ouverte à M. Paul Meunier*, dans *l'Action française* du 1ᵉʳ août 1912.

de se montrer surpris lorsqu'en 1852 il répondait à John Russell : « L'existence d'une république dans un pays aussi centralisé que la France m'a paru quelque chose d'absolument chimérique et irréalisable. » La centralisation est le lit de tout repos des républiques. Si elles ne le trouvent pas ménagé à leur avènement, elles le dressent de leur propres mains. Qui dit république dit centralisation.

Il y aura onze ans ce mois de juillet[1], Charles Maurras, terminant sa controverse avec Paul-Boncour, « défiait » l'auteur du *Fédéralisme économique* de décentraliser ; il en défiait « la République », il en défiait les « républicains »[2]. Aujourd'hui, après les expériences accumulées, le défi est devenu inutile. Il n'y a plus qu'à regarder posément les contradicteurs républicains et à leur dire, avec le sourire de l'abbé Lantaigne discutant politique extérieure : « Ne sois donc pas de mauvaise foi : tu sais bien que, sous la République, nous n'en avons pas, de décentralisation, et n'en aurons pas, et n'en pouvons pas avoir ! »

1. [Il s'agit ici de juillet 1914].
2. *Un Débat nouveau sur la République et la Décentralisation*, p. 92.

*
* *

L'avenir de la décentralisation n'est pas au Parlement. Il est dans le pays. Il est dans l'organisation progressive de la pensée fédéraliste, qui touche aux précisions définitives et ne demande plus, pour se réaliser, que des institutions politiques favorables.

Le gouvernement de la Restauration avait été surpris par la révolution de Juillet. La rapidité avec laquelle s'était imposé le fait accompli à Paris attira l'attention sur le danger des régimes trop centralisés. Il se produisit aussitôt dans les provinces, inquiètes et irritées, un mouvement de protestation vigoureuse. M. Lefebvre Saint-Ogan a raconté au *Correspondant* du 10 novembre 1912, sous le titre : *Un Mouvement provincialiste en 1830*, les efforts qui furent déployés sur les points les plus opposés du territoire pour gagner les esprits, d'urgence, à la conception décentralisatrice. Au mois d'octobre 1831, se fonda à Paris une revue appelée *les Provinces*, qui se définissait dans un sous-titre un peu long : *Recueil de documents sur l'abolition des ser-*

vitudes révolutionnaires, la restauration des anciennes franchises nationales et l'émancipation des provinces et des communes, publié par quelques amis de l'ordre et des libertés civiles, politiques et religieuses. Cette revue, avec laquelle notre *Action française* n'aura pas été sans analogie, expliquait que toutes les révolutions ne pourraient être qu'une « vaine transformation des formes extérieures de l'administration et n'aboutiraient qu'à un changement de personnes », tant qu'on n'aurait pas retrouvé les bases de l'ancienne, de la primitive constitution du royaume. Elle reproduisait tous les articles importants que publiaient à l'appui de sa thèse les différents journaux des départements, tels que la *Gazette du Midi*, la *Gazette d'Auvergne*, la *Gazette de Normandie*, la *Gazette du Limousin*, etc., et, à Paris, *la Quotidienne* et la *Gazette de France*. Celle-ci surtout revenait fréquemment sur la nécessité de détruire cette « départementation » contraire à la nature des choses, comme d'ailleurs toute l'œuvre jacobine, pour revenir à des agrégations non fictives d'intérêts locaux. Dans une remarquable suite d'articles, l'organe légitimiste retraçait les circonstances dans lesquelles avaient sombré les libertés provinciales, et, à peu près comme devait le dire soixante-cinq ans plus tard Paul Bourget, elle demandait qu'on reprît en sens contraire le travail de la Révolution.

Tel était déjà le programme de la Légitimité au lendemain de la révolution de Juillet. Il n'a jamais varié depuis. Le comte de Chambord pourra le dire, en toute vérité, le 30 janvier 1865 : « La décentralisation est une de nos doctrines. »

La *Lettre sur la Décentralisation* (14 novembre 1862) est connue[1]. Ce que l'on sait moins, c'est que cette lettre ne constituait pas une manifestation isolée de la pensée de ce grand prince. Henri V, avant et après, est revenu maintes fois sur le besoin de décentraliser largement l'administration et de donner de solides fondements au régime représentatif. Ses écrits publics et privés l'attestent, les familiers de Frohsdorff en témoignent, c'est sur le plan de la décentralisation que la réfection de notre organisation nationale

---

1. J'en reproduis le texte aux Appendices.

lui paraissait devoir se faire. De ses conseils, de son argent, de son exemple, il a soutenu ceux qui s'avançaient dans cette voie. Il a fondé le journal *la Décentralisation* à Lyon, il a inspiré une brochure *Décentralisation et Gouvernement représentatif*, qui parut à Metz et fut l'objet de nombreuses controverses. Ce n'est pas douteux, la loi de 1871 sur les conseils généraux, votée par les « hobereaux » de l'Assemblée nationale, fut le fruit de la campagne d'idées menée au cours des dix à quinze années précédentes, sous la haute direction du comte de Chambord.

Dans *Paris pendant les deux sièges*, Louis Veuillot trace un projet d'autonomie communale, provinciale, corporative, dont bien des lignes méritent d'être gardées. En 1874, M. Frédéric Romanet du Caillaud, au retour d'un voyage d'étude en Autriche, en Hongrie et en Allemagne, publie un traité de *l'Autonomie municipale,* d'une inspiration essentiellement réaliste et pratique...

Nous pourrions suivre pas à pas le cheminement de la Tradition, qui se retrouve elle-même au milieu des créations révolutionnaires plus ou moins bien adaptées, plus ou moins bien éliminées, qui s'élucide fragmentairement, se rejoint et se recompose. Un fait domine ce long effort ininterrompu : la tenue des États libres du Dauphiné (1888, 1891, 1893) et des assemblées provinciales du centenaire (1889). J'ai résumé naguère pour la revue de *l'Action française* [1] les rapports [2], aujourd'hui presque introuvables, qui furent publiés à l'époque par les soins de MM. de la Tour du Pin, de Gailhard-Bancel et de Marolles. On ne peut les parcourir sans être frappé de l'avance que les prétendus réactionnaires qui prirent part à ces travaux avaient sur leur temps. La vraie formule des Retraites ouvrières, et celle de la Profession représentée dans la région organisée, et celle du Bien de famille insaisissable, tant d'autres qui se font à peine jour, dont l'attention de l'élite commence juste à être frappée, étaient là. Nous aurions eu alors un pouvoir débarrassé des fictions parlementaires, en état d'écouter

---

1. *Les Cahiers de 1889*, revue de *l'A. F.*, 15 mai 1911.
2. *Compte rendu et procès-verbaux de l'Assemblée commémorative réunie à Romans les 10 et 11 novembre 1888 pour le centenaire de l'Assemblée générale des Trois Ordres de la province de Dauphiné, tenue à Romans en 1788*, Valence, imprimerie Valentinoise, 1889 ; V. de Marolles : *les Cahiers de 1889*, Paris 1889.

les vœux et les doléances de ces chambres provinciales improvisées, et de leur donner la sanction officielle : la législation française eût pris la tête des législations européennes, au lieu de se traîner comme elle le fait à leur remorque ; nous eussions évité beaucoup de conflits sociaux, empêché beaucoup de misères, arrêté beaucoup de ruines...

La crise du Ralliement dispersa les bons ouvriers de cette œuvre admirable, mais leurs efforts ne furent pas tous perdus. Plusieurs d'entre nous ont trouvé dans l'idée poursuivie, comme dans les premiers travaux exécutés ou seulement dégrossis, l'indication lumineuse qui a orienté leur activité intellectuelle et sociale. L'application d'un René de Marans aux questions corporatives et provincialistes s'est éveillée à l'étude des doctrines que pratiquaient les États libres du Dauphiné. M. de Gailhard-Bancel a porté plusieurs fois à la tribune de la Chambre les idées qu'il avait contribué à élaborer à Romans et à Voiron. Quand il a obtenu le vote d'une consultation syndicale au sujet de l'établissement des retraites ouvrières ; quand, le 6 juillet 1906, il a déposé une proposition de loi visant une organisation professionnelle avec constitution de corps de métiers obligatoirement consultés pour toute la législation du travail, il reprenait simplement certains vœux émis par les assemblées provinciales. M. Millerand, faisant appel à l'élection syndicale pour former les conseils consultatifs du travail, ne pouvait s'empêcher de saluer en lui un précurseur. Enfin, la Ligue de représentation professionnelle et d'action régionaliste, dirigée par MM. Jean Hennessy et André de Marcillac, doit à peu près tout son programme (si l'on excepte les déviations et les régressions qui lui appartiennent en propre) aux ébauches hardies de 1888-1893.

*
* *

A côté du développement de l'École traditionnelle, que jalonnent les noms de Villèle, du comte de Chambord, de M. de la Tour du Pin, il faut marquer celui du Félibrige. J'ose le dire tout aussi important.

Les premiers compagnons de Mistral ne se doutaient pas tous de la masse de sentiments, d'idées, qu'allait mettre en mouvement leur confrérie de porteurs de lyre et de joueurs de flûte. Beaucoup des adhérents actuels de l'association ne s'en doutent pas davantage. Mais les idées ont leur destin, et d'abord elles ont leur logique intérieure qui le déduit.

La pensée politique de Mistral n'est pas douteuse. Dès 1867, dans une note de *Calendal*[1], s'exprimant librement sur la croisade des Albigeois et la bataille de Muret, il regrettait que la « fusion » de la France du Nord et de la France du Midi ne se fût pas faite « plus cordialement », surtout que l'on soit allé « au delà de l'état fédératif », et il évoquait l'époque disparue, « ...l'élan municipal qui avait fait de nos cités autant de républiques, la vie publique enfin circulant à grands flots dans toute la nation [méridionale], toutes ces sources de politesse, d'indépendance et de virilité ». D'autre part, *l'Action régionaliste*, dans son numéro d'avril 1914, publie une lettre inédite de Mistral où nous relevons ce passage :

Si je parle avec quelque tristesse de la perte de notre indépendance [provençale], je n'exprime

---

[1]. *Calendal*, chant Ier, p. 486 de l'édition Lemerre.

que les pensées des anciens patriotes du pays, car, si j'ai des cris contre ceux qui nous veulent forcer d'oublier notre langue, croyez bien, cher poète, que ce n'est pas contre la France ni contre l'unité (dont je suis partisan autant que pas un), mais contre le système de centralisation à outrance que les employés de l'État appliquent avec une inflexibilité révoltante. *Mon rêve politique, je ne vous le cacherai pas, c'est l'État fédéral* appliqué à la France, avec les modifications que comportent l'état des mœurs et le progrès moderne...

La fierté de l'indépendance provinciale et communale, Mistral l'a exprimée maintes fois dans ses poèmes. Quelques vers sont particulièrement connus, tels ceux-ci :

> *La Républico d'Arle, au founs de si palun,*
> *Arresounavo l'Emperaire...*
> *Aro nous agroumoulissèn*
> *Davans la caro d'un gendarmo* [1].

Et celui-ci :

> *Alor, avian di conse el di gran ciéutadin* [2].

---

[1]. « La République d'Arles, au fond de ses marais, — Parlait en face à l'Empereur... — Maintenant, nous tremblons — Devant la figure d'un gendarme. »

[2]. « Alors, nous avions des consuls et de fiers citoyens. »

Du petit discours qu'il adressa au président de la République, lorsque, au mois d'octobre dernier, M. Poincaré s'arrêta pour le visiter à Maillane, détachons les lignes suivantes :

> En venant saluer, dans son humble village, le poète provençal qui ne l'a jamais quitté, vous témoignez très haut vos sympathies de patriote pour *ce régionalisme dans lequel notre France aura, j'en ai la foi, son rajeunissement.* Il sont nombreux de plus en plus ceux qui, pour conserver la beauté du pays et le bonheur d'y vivre, souhaitent le maintien de ce qui fait le charme de nos vieilles provinces : les coutumes, les costumes, les traditions, les dialectes, et toutes ces variétés qui expriment la vie d'un peuple vraiment libre et qui enracinent la race au terroir des ancêtres.
>
> *La province avec son nom et sa délimitation d'origine immémoriale ;* la province, avec son histoire inscrite sur ses monuments, son climat, ses paysages où l'habitant s'est appareillé, démontre clairement qu'elle ne veut pas mourir.
>
> Et elle ne mourra pas, cette mère des paysans et des soldats de France !

Gaston Jourdanne divise son excellente *Histoire du Félibrige* (1854-1896) en quatre périodes : la période de début (1854-1859), la période d'expansion (1859-1876), la période d'affirmation (1876-1892), la période actuelle (1892-1896)[1]. La date de 1876 est celle où furent établis les premiers[2] statuts du Félibrige. La date de 1892 est celle de la déclaration dite des Jeunes Félibres. Le 22 février 1892, Félix Gras, alors *capoulié*, étant venu à Paris, Frédéric Amouretti, au cours d'un banquet que le Félibrige parisien offrit au café Voltaire à l'auteur des *Carbounié*, lut une déclaration où il était dit :

Voilà longtemps, monsieur le capoulié et messieurs les félibres, que les jeunes gens mûrissent les idées que vous avez semées, et voilà longtemps aussi qu'ils souhaitent impatiemment de les réaliser... Nous avons tous entendu votre appel, et maintenant nous allons dire, non pas comme autrefois devant des auditoires de

---

1. Le livre parut en 1897 (Avignon, Roumanille). J'ai écrit dans *la Revue critique des Idées et des Livres* (25 octobre 1909, *la Crise du Félibrige*, et 25 septembre 1912, *Ce qui se passe dans le Félibrige*) deux articles qui donnent la suite de l'histoire du Félibrige entre 1901 (environ) et 1912. Consulter encore : Armand Praviel, *l'Empire du Soleil*, Nouvelle Librairie nationale, 1909 ; Armand Praviel et J.-R. de Brousse, *l'Anthologie du Félibrige*, Nouvelle Librairie nationale, 1909 ; Ernest Gaubert et Jules Véran, *Anthologie de l'Amour provençal*, librairie du *Mercure de France*, 1909.

2. Modifiés en 1905, mais restaurés (sauf détails) en 1911.

frères et des assemblées de lettrés, mais dans les assemblées politiques et devant le peuple du Midi et du Nord, les réformes que nous voulons. Nous en avons assez de nous taire sur nos intentions fédéralistes... Nous sommes autonomistes ; nous réclamons la liberté de nos communes ; nous sommes fédéralistes, et si quelque part, dans la France du Nord, un peuple veut marcher avec nous, nous lui tendrons la main... Nous voulons une assemblée souveraine à Bordeaux, à Toulouse, à Montpellier ; nous en voulons une à Marseille ou à Aix, et ces assemblées régiront nos tribunaux, nos écoles, nos universités, nos travaux publics [1]...

La déclaration parut *in extenso* dans *l'Aïoli* du 7 mars 1892, sous les signatures de Frédéric Amouretti, Charles Maurras et Auguste Marin. A la Sainte-Estelle de la même année, Marius André, lauréat des Jeux septenaires, déclara s'y rallier entièrement. A la Sainte-Estelle d'Avignon, en 1894, devant les « beaux messieurs de Paris », Arnavielle leva la Coupe au « Félibrige intégral »...

Il devint évident, dès lors, que le Félibrige se développait nettement dans le sens fédéraliste. Quand, parvenu au terme de son

---

[1] On trouvera le texte intégral aux Appendices.

étude, Gaston Jourdanne veut dégager la
« caractéristique de la jeune génération félibréenne », c'est dans les aspirations régionalistes, fédéralistes, qu'il la place. Certaines
réunions félibréennes, dit-il, ressemblent « à
des assemblées de *députés constituants* ». Il
ajoute : « Or, ces jeunes gens ont pour eux
des forces redoutables : d'abord, leur jeunesse, qui leur permet d'attendre sans impa-
tience la disparition des esprits timorés ; en
outre, beaucoup d'entre eux sont destinés,
par leur talent, à devenir les conducteurs de
leur génération... » Il constate que « le Félibrige a donné à la cause régionaliste d'ardents
soldats », qu'il « entre » certainement pour
une « part » dans « le courant déjà marqué
en faveur de la décentralisation ». Il conclut
qu'à l'avenir l'action félibréenne se fera dans
le sens de « l'émancipation provinciale ».

Tous les jeunes félibres et provençalisants
d'aujourd'hui — Gabriel Boissy, Abel Bréart,
Bruno Durand, Bernard de Montaut, Marcel-
J. Provence, Frédéric Provence, etc. — sont
d'enthousiastes régionalistes et fédéralistes.

A la Sainte-Estelle de Gramont (juin 1911),
la grande poétesse bigourdane Philadelphe

de Gerde fit d'ardentes déclarations contre les politiciens du Félibrige, déclarations consacrées depuis par une adhésion sans réserve à *l'Action française*.

*
* *

Le nom de Maurice Barrès se rattache plus particulièrement au Félibrige, celui de Paul Bourget à l'École sociale traditionnelle.

L'auteur de *l'Etape* et d'*Outre-Mer* continue parmi nous la pensée puissante d'un Taine, d'un Le Play, d'un Balzac, d'un Bonald. Ses formules, qui ont la netteté des médailles antiques, ont rendu sensibles à beaucoup les réalités sociales dont se compose l'être intime de la profonde France, et aussi les nécessités pratiques de l'heure actuelle que commande notre état de désorganisation générale :

> C'est pour avoir établi un régime ou l'État centralise en lui toutes les forces du pays et pour avoir violemment coupé toute attache historique entre notre passé et notre présent, que notre Révolution a si profondément tari les sources de la vitalité française... Nous devrions chercher ce qui reste de la vieille France et nous y

rattacher par toutes nos fibres, retrouver la province d'unité naturelle et héréditaire, sous le département artificiel et morcelé, l'autonomie municipale sous la centralisation administrative, les universités locales et fécondes sous notre Université officielle et morte, reconstituer la famille terrienne par la liberté de tester, protéger le travail par le rétablissement des corporations, rendre à la vie religieuse sa vigueur et sa dignité par la suppression du budget des cultes et par le droit de posséder librement assuré aux associations religieuses, en un mot ... *défaire systématiquement l'œuvre meurtrière de la Révolution française*[1].

Bourget ne s'est pas contenté de formuler les principes de notre redressement social. Il fut vice-président de la *Ligue nationale de décentralisation* que présida M. de Marcère et dont le programme portait : « Décentralisation des services publics sur la base de la région ; extension des pouvoirs des assemblées locales ; referendum pour toutes les questions importantes ; liberté d'association ; développement et affranchissement de toutes les initiatives privées. »

Barrès est le plus grand « ami du dehors »

---

1. *Outre-Mer*, t. II, p. 319-320.

Politique fédéraliste

du Félibrige. On l'a vu s'asseoir aux félibrées d'Avignon, d'Arles ; il se plaît à exalter l'œuvre mistralienne : « O Coupe sainte de Provence ! Toutes les régions de France y voudraient boire [1]... » Ceux à qui les ouvrages de Barrès ne sont pas familiers, ceux surtout qui ignorent l'étonnante germination d'idées que représentent les quelques mois de *la Cocarde,* n'ont qu'à parcourir, plutôt que *le Roman de l'énergie nationale* et que les *Scènes et Doctrines,* le petit livre de la collection Sansot intitulé : *les Lézardes sur la maison*. Le chapitre *A nos amis du Parlement* ramasse, je crois, tout l'essentiel du programme barrésien au point de vue qui nous occupe, programme directement hérité de la fameuse École de Nancy de la fin du second empire :

Nous cherchons l'ordre et le progrès dans la République en attribuant au groupe professionnel les intérêts professionnels, à la commune les intérêts communaux, à la région les intérêts régionaux, et c'est la nation elle-même qui par son délégué présidera à la destinée nationale[2].

1. *Les Lézardes sur la maison.* p. 40
2. *Ibid.*, p. 48.

Et ailleurs :

A côté des villes et des provinces quasi autonomes, nous réclamons toutes sortes de corps, de compagnies, de communautés, où s'épanouirait l'esprit d'association[1].

Barrès se plaint que le nationalisme — le nationalisme « Patrie française » et « Ligue des patriotes » — n'ait pas cherché à « réaiser ces idées, sans lesquelles il n'est pas de nationalisme ». Déroulède leur fut même assez longtemps hostile...

*
* *

Avec les noms de Barrès et de Bourget, inscrivons ceux d'Auguste Comte, de Proudhon, de Le Play. Il serait injuste de ne point nommer Xavier de Ricard[2] et ses amis de la *Lauseto*. Tout le monde connaît la *Fédération régionaliste française*, son infatigable secrétaire général M. J. Charles-Brun, son organe périodique *l'Action régionaliste ;* tous

---

1. *Les Lézardes sur la maison*, p. 46.
2. Cf. Jacques Duclaud, *Xavier de Ricard*, à *l'Action française* du 7 juillet 1911.

trois ont leur part dans la diffusion des idées décentralisatrices et régionalistes qui s'est faite depuis une quinzaine d'années.

.*.

Et, pour finir, comment ne pas rappeler qu'il existe une *Association nationale des maires de France* [1], une *Association des maires des grandes villes de France*, et même une *Amicale de maires et d'adjoints du département de l'Aisne* [2] ? Toutes ces organisations spontanées de défense (et la C. G. V. ! et les troubles de Champagne !) révèlent un effort général d'indépendance vis-à-vis du pouvoir central. Mais la libération est lente à venir. Mais la servitude s'appesantit toujours plus fort sur ceux qui cherchent à la secouer.

1. Présidée par M. Daure, maire d'Alan (Haute-Garonne). L'Association publie un bulletin hebdomadaire, *la Vie municipale*. Siège de l'association et secrétariat, 23, rue Pasquier, Paris.
2. Fondée en 1912 par le maire de Sermoise, avec cet objet : 1° La protection morale et matérielle des magistrats municipaux ; 2° la recherche de leurs intérêts, en tant que maires, ainsi que des voies et moyens propres à les servir ; 3° la défense efficace des libertés communales et des droits des municipalités ; 4° le développement de l'indépendance communale ; 5° d'une manière générale, la sauvegarde et la recherche de tous les intérêts communaux.

Le présent livre a pour but de montrer à quelles conditions l'on aura chance de triompher. *Le Temps* (13 avril 1914) reconnaît que « nous avons, c'est indiscutable, opéré une revision de la Révolution française ». Il faut faire passer cette revision du domaine de l'idée pure dans celui des faits. L'idée révolutionnaire est vaincue. Reste à détruire le fait révolutionnaire.

III

L'ENCLIQUETAGE

> *L'encliquetage est un mécanisme qui ne laisse tourner une roue dentée que dans un sens. L'arrière des camions est muni d'un encliquetage, les treuils également.*
> LE DICTIONNAIRE.
>
> *La plupart de ceux qui, en France, parlent contre la centralisation ne veulent point, au fond, la détruire ; les uns parce qu'ils tiennent le pouvoir, les autres parce qu'ils comptent le posséder.*
> TOCQUEVILLE.
>
> *Il n'est pas facile de s'en débarrasser.*
> CLEMENCEAU.

La République a beau faire mine de décentraliser, disons-nous, elle ne le peut pas. Et la raison en est très simple : la République est un régime électif.

Lorsque nous disons que la République ne peut pas décentraliser, les esprits plus prompts que réfléchis objectent parfois l'exemple des Etats-Unis ou de la Suisse. En quoi ils prouvent simplement qu'ils n'ont pas compris. En effet, nous ne prétendons point qu'il ne saurait exister de république décentralisée[1] ; nous affirmons qu'il ne saurait en exister de décentralisatrice, — ce qui n'est pas la même chose ! — ou, en d'autres termes, qu'étant donnée une république centralisée, la nôtre, par exemple, cette république normalement ne peut pas passer à l'état décentralisé. La République suisse est décentralisée ? Soit. La République des Etats-Unis est dé-

---

[1]. « Quand les colons de l'Amérique anglaise, révoltés contre la mère patrie, fondèrent les Etats-Unis, quand ceux de l'Amérique espagnole suivirent cet exemple, ils n'eurent pas de grands efforts à faire pour imaginer des constitutions et des lois qui leur convinssent : ils pouvaient tailler en plein drap, se diriger par des théories absolues. *Ils étaient tous égaux*, non seulement en droit, mais *en fait ;* tous émigrés, venus en des terres nouvelles pour chercher fortune, par conséquent sans fortune originelle ni territoriale : la démocratie s'imposait à eux... *La France est placée par son développement historique dans des conditions bien différentes.* » (Jules d'Auriac, p. 21.)
En France, une révolution socialiste, ou plébiscitaire et barrésienne, pourrait très bien décentraliser ; mais le mouvement centripète recommencerait aussitôt après, mécaniquement : la centralisation sort de l'élection. Cela s'est vu en France sous la Révolution. Cela se voit au Brésil depuis vingt-cinq ans. A son avènement, la République dota le Brésil d'une constitution fédérative. Que s'est-produit ? Les États vont au séparatisme, et, par souci patriotique autant que par besoin de parti, le gouvernement centralise tous les jours.

centralisée, elle aussi ? D'accord. Mais l'une et l'autre évoluent-elles dans un état de décentralisation croissante ? Pas le moins du monde, et tout au contraire. Nous verrons, plus loin, qu'elles ne cessent de s'acheminer vers une centralisation qui ne nous laissera, un jour, guère rien à envier.

*
* *

Nul mieux qu'André Buffet n'a exprimé cette incapacité organique de décentraliser, commune à toutes les démocraties :

Qui ne voit, disait-il à l'auteur de *l'Enquête sur la Monarchie*, qu'en une république, c'est-à-dire sans chef permanent, la prudence patriotique fait un devoir de décentraliser beaucoup plus chichement qu'on n'oserait le faire sous un régime monarchiste[1] ? Seul, un roi, un pouvoir stable et héréditaire, sert de garant à l'unité de la patrie... Il est là pour veiller à l'intégrité nationale... Chef de l'armée, vivant

---

1. On voudra bien excuser cet exemple personnel : Jusqu'en 1904, j'ai répugné au fédéralisme ; je m'en tenais à un régionalisme prudent. (Cf. *Revue périgourdine*, juillet 1903, p. 98.) Parce que j'étais républicain. Je ne me sentis le *droit* d'être fédéraliste que lorsque j'eus adhéré à la Monarchie.

organe des nécessités du salut public, il n'a qu'un signe à donner ; les pouvoirs de la France entière sont tous rassemblés dans sa main. Une république, moins souple, étant aussi moins forte, est obligée de prendre en temps de paix les mêmes précautions qu'en temps de guerre européenne ; les citoyens y vivent dans un état de siège perpétuel. On est donc condamné à une décentralisation parcimonieuse, et plus verbale que réelle.... De sorte que la France se trouve dans une alternative cruelle : ou se laisser atrophier par la centralisation et périr en quelque sorte d'une congestion parisienne ; ou, si elle obtient une décentralisation suffisante, s'exposer aux plus terribles, aux plus profondes déchirures, à de véritables guerres civiles. Si l'on ne veut pas que la France périsse étouffée, il faut la décentraliser ; mais il faut conserver la centralisation si l'on ne veut trembler pour l'unité française. Je n'ai pas le malheur d'être républicain. Si je l'étais, je ne saurais comment sortir de cette rude alternative. OEuvre politique de la Monarchie, notre France, sans monarchie, est, vous le voyez bien, menacée d'étouffer ou de se rompre en trente-six morceaux.

Et Buffet continuait :

Je suis tranquille quant à la seconde hypothèse. Ce n'est pas de décentralisation que mourra la France ! Les républicains se garderont bien de décentraliser. Ils ne le peuvent pas... Tout pouvoir républicain sort en effet de l'élection. S'il veut se maintenir à l'élection suivante, l'élu, ministre ou député, a besoin de tenir de près son électeur ? Qui tient l'électeur ? Le fonctionnaire. Qui tient le fonctionnaire ? L'élu, ministre ou député, par la chaîne de la centralisation. Décentraliser l'administration, c'est donc couper en deux ou trois endroits cette chaîne de sûreté : c'est rendre au fonctionnaire une part d'indépendance, à l'électeur la liberté correspondante. Le ministre, ou le député, perd ses atouts électoraux. Soyez persuadé qu'il n'y renoncera que contraint et forcé.

S'il veut se maintenir à l'élection suivante..., dit Buffet de l'élu, ministre, sénateur ou député. S'il le veut ! Cincinnatus est un exemple d'humanité supérieure qu'on admire, qu'on n'imite pas. Il faut prendre les hommes tels qu'ils sont. Peut-on reprocher à quelqu'un que sa fortune a mené au « faîte » du pouvoir d'« aspirer », non à « en descendre », comme le héros cornélien, mais à s'y maintenir, et même de s'y cramponner ?

Je dirai davantage. Dans le train ordinaire d'une monarchie, personne autre que le Roi n'est indispensable ; le Roi suffit à soutenir l'État, le Roi est l'État ; nul inconvénient donc à ce que le prince de Bismarck, sa mission historique achevée, retourne à ses domaines de Poméranie. Mais, sous un régime démocratique, tout citoyen arrivé au pouvoir a tendance à se figurer — et peut se figurer de la meilleure foi du monde — que son maintien aux affaires est nécessaire à leur bonne marche. Il supplée le Roi ! Dans la mesure même où il se croit indispensable, qu'il s'appelle Jules Méline, Barthou ou Garcia Moreno, il a l'obligation morale de tout tenter et de tout faire pour garder dans ses mains le pouvoir, instrument du bien public.

Tout tenter et tout faire, c'est-à-dire d'abord ne prendre aucune mesure qui affaiblisse sa puissance électorale. A l'instant même où le député et le ministre sortent victorieux du suffrage, ils en deviennent les esclaves (puisqu'ils y seront chroniquement soumis), et par conséquent les esclaves de la centralisation qui donne le suffrage[1]. S'ils

---

[1] « Un député indépendant — oiseau rare ! — avait été obligé d'aller exposer à un ancien président du Conseil, ministre de l'Intérieur, la situation malheureuse d'une centaine de cultivateurs à peu près ruinés par un ouragan. Il

relâchaient le lien de la centralisation, leurs fonctionnaires y gagneraient une somme correspondante d'indépendance, l'électeur aussi par suite ; d'où danger pour la prochaine rencontre électorale. *Le premier soin de l'élu est donc, loin de desserrer le lien de la centralisation, d'abaisser bien vite le CLIQUET*

sollicitait, en faveur de ses concitoyens, le concours du gouvernement. Le ministre, l'ayant écouté, lui répondit textuellement :

« — Le gouvernement ne doit son concours à un député, qu'en raison directe du concours qu'il reçoit de ce député.

« Traduisez : Vous ne votez pas pour nous, nous ne viendrons pas au secours de vos électeurs. Ainsi, du député au ministre, comme de l'électeur au député, c'est la même chaîne d'esclavage. Ni les élus, ni les électeurs n'ont la possibilité de rester dignement indépendants. »

Qui parle ainsi ? *L'Action française ? la Gazette de France ?* Non, *le Temps* du 3 septembre 1909. M. Henry Leyret ajoute bien : « Ils ne le pourront que le jour où ils seront affranchis par un système électoral dégagé de la pression gouvernementale et administrative. » Mais *le Temps* lui-même n'a-t-il pas (24 avril 1908) traité le scrutin de liste de « recette de bonne femme » ?

qui empêchera de revenir en arrière la roue par où le mouvement se transmet à la machine administrative qui tient l'électeur et assure le suffrage

Voilà pourquoi nous disons que la République, régime électif, ne saurait décentraliser.

Tout ce qu'on pourrait espérer d'elle, c'est le *statu quo*. Mais cet espoir lui-même ne laisse pas d'être déçu en fait. Incapables de décentraliser, tôt ou tard les gouvernements républicains sont amenés à centraliser encore. Et ceci se comprend également, de la même façon et pour les mêmes raisons.

Le parti au pouvoir est-il menacé par l'opposition ? Il a dans la centralisation un moyen très simple de parer au danger et de s'assurer à nouveau l'avantage, puisqu'elle est un procédé mécanique de domination électorale, ne l'oublions pas. *Le gouvernement menacé donne donc à la roue centralisatrice*

(Suite censurée de la note précédente).

Voir appendice I. Voir également, sur la tyrannie électorale et la confusion des pouvoirs, les deux livres que M. Henry Leyret a intitulés : *la République et les Politiciens.*

un nouveau tour ; le mouvement se transmet d'engrenage en engrenage ; vienne l'élection, la majorité sort, tout naturellement, à l'autre bout de la machine. *Et le CLIQUET continue son office jusqu'à la prochaine alerte, jusqu'au prochain tour de roue.*

Ainsi s'expliquent les divers monopoles que l'État républicain s'adjuge progressivement : il a besoin de plus en plus de fonctionnaires. Le rachat de l'Ouest a fait passer sous sa dépendance directe des milliers de fonctions et, par conséquent, des milliers et encore des milliers d'électeurs (fonctionnaires en service et aspirants fonctionnaires, parents d'employés et parents d'aspirants employés). Le socialisme d'État est la *limite* normale de la République actuelle. Elle s'y précipite comme un fleuve à la mer.

Comment un républicain peut-il se dire décentralisateur, croire à la décentralisation ? S'il est au pouvoir, nous venons de voir que, pour lui, décentraliser revient à accroître les chances de son adversaire, lequel, moins scrupuleux ou plus conscient de ses nécessités vitales, s'empressera, une fois au gouvernement, de centraliser. Et s'il est dans l'opposition, à mesure que ses hostilités feront courir au gouvernement un danger, elles déclancheront contre lui une nouvelle mesure centralisatrice destinée à soustraire le gouvernement à ce danger ; il se trouve donc dans l'alternative ou de cesser les hostilités, de se résoudre à l'inaction, de sacrifier ses idées à la cause de la décentralisation, ou, dès qu'il bougera, d'obliger lui-même le gouvernement à « serrer la vis ». Qu'on se rappelle le « ministère de défense républicaine » et la loi contre les associations ! Les républicains ont soutenu que c'étaient les « moines batailleurs » qui les avaient obligés à prendre cette mesure de défense ; psychologiquement, de leur point de vue, du point de vue républicain, rien de plus exact. Non, vraiment, ou républicain ou décentralisateur, il faut choisir.

Le *statu quo* lui-même ne serait possible, disons-nous, que si les partis déposaient les armes. Mais la compétition des partis est l'essence même du régime républicain, régime d'opinion, régime électif. Le jour miraculeux où les partis cesseraient de préparer l'assaut du pouvoir, c'est qu'ils abandonneraient la possession du pouvoir à l'occupant. Celui-ci —

ministre ou Parlement — pourrait, il est vrai, décentraliser, n'étant plus soumis à la triste nécessité de la réélection ; mais nous serions alors en république aristocratique ou en monarchie !

L'hérédité politique est la condition de toute décentralisation sérieuse, durable et un peu étendue.

**

Commentant la vaste enquête de M. Paul Meunier, *le Temps* du 9 août 1912 publiait l'article suivant, qu'il est nécessaire de recueillir dans ce livre :

... Ce plébiscite administratif peut n'être pas sans intérêt et l'on ne saurait que louer le rapporteur de vouloir s'entourer du maximum d'informations. Nous croyons toutefois nécessaire de signaler dès maintenant deux écueils dont ses questionnaires ne semblent pas s'aviser et qui, révélés par l'expérience acquise, risqueraient de devenir plus dangereux encore si la réforme s'orientait dans le sens qu'indiquent ces documents. Nous résumerons d'un mot notre pensée en disant : *Toute augmentation des libertés locales doit avoir pour contre-partie le renforcement du contrôle central.*

Prenez par exemple les conseils municipaux, qu'on voudrait affranchir, au moins partiellement, de la tutelle administrative. Il y a des lois récentes qui ont rendu pour eux cette tutelle assez légère ; entre autres la loi de 1905 sur l'assistance obligatoire aux vieillards, infirmes et incurables. En cette matière, le conseil municipal, au moins au début, a été le maître et le seul maître. Il inscrivait sur les listes qui il voulait. Il fixait le taux de l'allocation mensuelle comme il lui plaisait. Qu'est-il arrivé ? Que le conseil, *élu* par la population, a trop souvent distribué l'assistance par des motifs *électoraux*. Lorsque, après trois ans d'application, l'inspection générale du ministère de l'Intérieur a vérifié les listes, elle a, dans nombre de communes, découvert des inscriptions abusives, des allocations excessives, des déductions non opérées. *Élargissez les pouvoirs d'administration des assemblées communales, vous ne ferez qu'élargir cette sorte d'abus.*

S'agit-il des assemblées départementales ? Sans contester leurs mérites et la compétence de leurs membres, force est de reconnaître que, dans bien des cas, elles abusent, elles aussi, de leurs prérogatives. Si, dans tant de départements, le service des enfants assistés et secourus ou celui de la protection du premier âge laissent si fort à désirer, c'est trop souvent la faute des conseillers généraux. Votant le budget de ces services, ils disposent d'une influence directe sur l'inspecteur départemental qui les dirige. Car, suivant que l'inspecteur aura ou n'aura pas la faveur du conseil général, ce fonctionnaire d'État verra varier du simple au double sa rémunération départementale, (indemnités, frais supplémentaires de tournées, etc.). Les conseillers généraux qui connaissent leur force ne manquent pas de faire allusion à cet état de choses, quand l'inspecteur veut déplacer un enfant mal placé au point de vue de l'hygiène, mais utilement placé *au point de vue électoral*. Nous en pourrions citer qui, en pareil cas, vont jusqu'à la menace.

Autre exemple : On connaît l'objet de la loi Roussel sur la surveillance des nourrissons. Cette surveillance est exercée par des médecins inspecteurs, dont les uns s'acquittent fort bien, les autres fort mal de leur fonction. Supposez — et ce n'est pas là une hypothèse vaine, car elle est réalisée dans de nombreux départements — que les médecins de la seconde catégorie soient, en même temps que mauvais médecins inspecteurs, conseillers généraux : vous concevez quelle sera la situation du chef de service de la préfecture obligé par devoir de les rappeler à l'ordre et détourné par une prudence élémentaire de remplir ce devoir périlleux. *Si l'on augmente les attributions de l'assemblée départementale, on rendra, dans beaucoup de départements, l'administration impossible. Car, des maires aux sénateurs, en passant par les conseillers géné-*

raux et les députés, l'intérêt public trouvera en face de lui la ligue *des intérêts locaux.*

C'est pourquoi nous éprouvons un sentiment proche de la stupeur en voyant M. Paul Meunier poser des questions comme celles-ci : « Faut-il que toutes les délibérations du conseil général *sans aucune exception*, soient exécutoires par elles-mêmes, et sans qu'il soit jamais besoin de les soumettre à l'approbation du pouvoir central, mais sous la réserve du contrôle de ce dernier, en ce qui concerne le vote des dépenses obligatoires ?... Faut-il confier à la commission départementale, ou au président de cette commission ou à tout autre délégué du conseil général, l'instruction préalable des affaires qui intéressent le département, ainsi que l'exécution des décisions du conseil général et de la commission départementale ?... Faut-il que le pouvoir actuellement conféré au préfet d'accepter les dons ou legs, d'ester en justice au nom du département, de délivrer des mandats de payement ou des ordonnances de recouvrement, de dresser les comptes et budgets du département, soit transféré à un délégué ou ordonnateur élu du conseil général ? » *Si la réponse était affirmative, on assurerait définitivement le triomphe des tyrannies locales dont le pays est excédé.* Ce serait la consolidation officielle de la « mare stagnante ».

Avec un régime de suffrage universel, le pouvoir local doit pouvoir proposer. Mais *toutes* ses propositions doivent être subordonnées au contrôle du pouvoir central. Ce contrôle, les préfets l'exercent, mais de façon insuffisante ; car, fonctionnaires nationaux en droit, ils sont en fait des fonctionnaires départementaux soumis à toutes les influences locales. *Augmentez les prérogatives des pouvoirs communaux et départementaux, vous ferez du député d'arrondissement et de ses délégués dans les communes les détenteurs de toute l'autorité.* Allant jusqu'au bout de notre pensée, nous dirons : *Toute décentralisation, avec le régime électif actuel, aggraverait les abus existants.* Ou encore : La réforme administrative n'est concevable qu'en fonction de la réforme électorale.

Et sans doute ne serions-nous pas en cela d'accord avec ceux qui ont foi dans les vertus de l'arrondissement. Les plans de réforme administrative peuvent être dès maintenant théoriquement intéressants. Ils ne seront pratiquement réalisables que le jour où un scrutin plus large aura affranchi le pouvoir exécutif des servitudes que lui impose actuellement le législatif, et où ces servitudes brisées permettront d'exercer sur les décisions locales un contrôle national indépendant et suivi.

Nous avons répondu (p. 122, en note) à l'enfantillage ou à la tromperie que renferment ces dernières lignes. Le scrutin de liste ? Je répète que *le Temps* du 24 avril 1908 l'a qualifié de « recette de bonne femme ». D'autre part, je trouve dans *l'Action régionaliste* de novembre-décembre 1910 ce jugement de M. Beauquier : « Le scrutin de liste départemental, c'est un syndicat d'arrondissements. » Voilà, mot pour mot, ce que j'écrivais moi-même, deux ans auparavant, dans *l'Enquête périgourdine sur la Monarchie* [1]. A la même page de *l'Enquête périgourdine*, je montrais que la Représentation proportionnelle était, elle aussi, une recette de bonne femme, qu'elle ne changerait rien. Au surplus, ajoutais-je, « ces remèdes auraient-ils quelque efficacité, il s'agit de pouvoir les employer. On n'en veut pas. Les habitudes corrompues, qu'un nouveau mode électoral réformerait, consolident de tout leur poids le mode présentement en vigueur. L'adoption du principe réformateur suppose la transformation préalable de ces mœurs qu'il serait chargé de réformer. *La démocratie tourne dans un beau cercle!* »

---

[1]. P. 31, col. 1 : « Nos bons Quinze-Mille, déjà *syndiqués* avec les conseillers généraux, d'arrondissement et municipalités, se *syndiqueraient* entre eux. » Ils le sont déjà ! Mais la réforme électorale, qui a pour but avoué, ne l'oublions point, d'*organiser les partis*, perfectionnerait, régulariserait et généraliserait ce syndicalisme des politiciens, la *ligue* dénoncée par *le Temps*.

Ici c'est avec M. Bienvenu-Martin que j'ai le plaisir de me rencontrer. L'honorable ministre de la Justice écrivait le 10 février 1911, dans la *Revue politique et parlementaire :*

> Beaucoup déclarent que la réforme électorale doit précéder la réforme administrative, et par la réforme électorale ils entendent l'élection des membres du Parlement au scrutin régional et avec la représentation proportionnelle. N'est-ce pas *tourner dans un cercle vicieux ?*

J'ai bien dit : la conclusion de l'article du *Temps* est une tromperie ou un enfantillage. Tout ce qu'il dit contre le « régime électif actuel » vaut contre le régime électif dans le sens le plus générique, contre la république démocratique et parlementaire, contre la République tout court[1].

Lors donc qu'on pose l'axiome : Toute augmentation des libertés publiques doit avoir

---

1. On devrait bien veiller à ne se point infliger à soi-même de contradiction ! Je lis dans *le Temps* du 12 avril 1911 : « Avec le scrutin d'arrondissement, que de mauvaises mœurs politiques et administratives ont faussé, etc. » Le scrutin d'arrondissement est-il le coupable ou est-ce lui la victime ? Objet corrompu ou sujet corrupteur ? Il faudrait choisir, puis se tenir au choix fait.

pour contre-partie le renforcement du contrôle central, — on commet une double erreur.

D'abord une erreur en soi, puisqu'on retient de la main droite ce que l'on est censé abandonner de la gauche ; pour prendre un exemple au chapitre suivant, en quoi les municipalités sont-elles plus libres, si la même loi qui les autorise à ester en justice permet au préfet de leur enlever à son gré le moyen financier de le faire? Les municipalités amies du pouvoir verront bien leurs attributions s'accroître, mais au prix d'une servitude générale consentie, et, comme la liberté est une chose relative, la liberté des autres, la liberté des municipalités qui refuseront d'obéir *perinde ac cadaver*, s'en trouvera, par comparaison, diminuée. Cette prétendue liberté nouvelle n'aura donc apporté qu'un nouveau moyen de pression administrative, de chantage politique.

Il en serait autrement si, au lieu d'être en régime des partis, nous avions un gouvernement héréditaire. Il aurait la possibilité d'exercer un contrôle *suivi*, selon les désirs du *Temps*, ayant pour lui la durée, et aussi d'exercer un contrôle *indépendant*, puisqu'il le serait lui-même, ne tenant pas son existence des partis, étant extérieur et supérieur à eux. Là où le préfet de la République, pour accorder ou refuser une homologation, s'inspire uniquement de l'intérêt du ministère, le représentant du Roi s'inspirerait du bien public à la surveillance duquel il serait préposé. Quand on se mêle de décentraliser, la première chose à faire est donc d'assurer les conditions les plus générales de toute décentralisation, qui tiennent à l'indépendance supérieure de l'État. Tant vaut l'État, tant vaut le contrôle de l'État.

J'ajoute, — et ceci est presque aussi important que ce qui précède : L'axiome du *Temps* est faux à un second point de vue. Même sous un État indépendant, il n'est pas vrai que « toute augmentation des libertés locales doive avoir pour contre-partie le renforcement du contrôle central ». La contre-partie est ailleurs ; elle est dans le renforcement de la RESPONSABILITÉ RÉELLE des individus ou collectivités appelés à jouir de l'augmentation des libertés particulières. Je prie le lecteur de bien retenir cette idée ; nous la retrouverons au chapitre VII. Elle est capitale.

*
* *

Un autre argument aussi spécieux que celui-ci, c'est celui que M. Clemenceau faisait valoir à *l'Homme libre* du 13 avril 1914 :

Le mal vient de notre centralisation *dont il n'est pas facile de se débarrasser* [!], ainsi que j'ai pu m'en assurer, par moi-même, lorsque j'ai étudié, au ministère de l'Intérieur, les conditions d'un régime nouveau. J'eus bientôt constaté que ce qui nous manquait principalement, c'était *la quantité, comme la qualité, d'esprit public qui nous permettrait de faire vivre une administration décentralisée.*

Il y aurait donc une *réforme de psychologie* à réussir avant la réforme décentralisatrice, « réforme de psychologie qui est apparemment plus difficile encore que je ne pensais », confesse M. Clemenceau.

Question : — Puisque l'esprit public fait défaut comme quantité et comme qualité, puisque le don de l'initiative est peu répandu, puisque le sens social est atrophié, pensez-vous corriger tout cela en fermant les écoles libres, en persécutant les comices agricoles qui n'acceptent pas l'estampille officielle [1], et, d'un mot, en contrecarrant toutes les entreprises sociales créées en dehors de votre État républicain ? Pour faire vivre une administration décentralisée, vous auriez besoin, dites-vous, d'un plus abondant esprit public, mais, celui qui existe, vous le raréfiez tant que vous pouvez : est-ce le moyen de s'acheminer vers la réforme décentralisatrice ?

*
* *

Tout ce qui précède établit qu'il serait vain d'attendre de la République le cadeau de la décentralisation. Allons plus loin. Fût-elle capable de nous le donner, il serait pire que le mal.

D'abord, il est certain que les débats où s'opérerait la réforme seraient dominés par des considérations électorales qui en fausseraient nécessairement la conception. Le lecteur a pu s'en convaincre en parcourant la partie du chapitre II où j'ai raconté l'ébauche

1. *Enquête périgourdine sur* a *Monarchie*, p. 14.

de régions ratée par le ministère Poincaré. Un détail que je n'ai pas donné : le rapporteur de la commission, M. Groussier, a présenté successivement neuf rapports ! Et n'allez pas croire que ces neuf rapports correspondent à des améliorations progressivement introduites dans l'idée primitive ! Non, de saison en saison, la Chambre défaisait ses travaux antérieurs, sans autre motif que les fluctuations de la majorité et les divers compromis intervenant entre le parti « républicain » et la concentration erpéiste. C'est ainsi que l'on fait du bon ouvrage, de l'ouvrage sérieux, de l'ouvrage utile, de l'ouvrage fécond et durable !

Mais supposons l'impossible. Admettons que — par quel miracle ? — le Parlement brouillon, incohérent, parvienne jamais à mettre sur pied une réforme décentralisatrice raisonnablement constituée. Dès le jour où elle entrera en vigueur, le vice électif qui affecte toute notre vie publique la rendra terriblement redoutable. Cette réforme libérale se révélera un moyen de tyrannie supérieur. Comment ? C'est très simple, et vous allez le voir.

Expliquant une proposition de loi que

venaient de déposer un certain nombre de députés pour la plupart progressistes, tendant à organiser l'autonomie administrative des départements, M. G. Saint-Yves, de *l'Action libérale populaire*, écrivait au *Patriote des Pyrénées,* le 30 juillet 1910 :

> Malheureusement, le projet n'a qu'un seul défaut, c'est qu'il risque dans plus d'un cas de substituer à la tyrannie du préfet la tyrannie d'un administrateur départemental, élu jacobin d'une majorité jacobine, et j'avoue pour ma part que, *tyrannie pour tyrannie, je préfère encore celle du préfet.* Bien souvent les préfets sont mieux recrutés que les membres de la majorité de certains conseils généraux.
> En outre, *ou bien* l'administrateur départemental sera l'homme lige du préfet qui l'aura fait élire par le conseil général et il vivra, dans ce cas, en bons termes avec lui, mais alors son existence est inutile ; *ou bien* il sera indépendant du préfet, ne voudra faire qu'à sa tête et nous assisterons à une dualité de pouvoirs très périlleuse pour les intérêts du département.

Notez que la remarque de M. Saint-Yves, relative à l'autonomie départementale, s'applique identiquement à l'autonomie municipale¹. Vous êtes donc obligé de conclure avec moi que, si la réforme décentralisatrice est impossible en République, somme toute, c'est heureux, car la situation générale s'en trouverait empirée. (*Le Temps* nous avait déjà fait entrevoir qu'augmenter les prérogatives des pouvoirs communaux et départementaux reviendrait à faire des conseillers généraux et conseillers municipaux les détenteurs exclusifs de toute l'autorité, et par conséquent à assurer la suprématie, sans contrepoids ni frein, des odieuses tyrannies locales.)

1. Frédéric Romanet du Caillaud : « Vraiment, si les conseils municipaux devaient rester composés comme ils le sont aujourd'hui en bien des communes, s'ils devaient toujours être élus sous l'inspiration des passions aveugles, il ne faudrait pas regretter l'ingérence de l'autorité supérieure. Tant que le suffrage universel n'aura pas été organisé d'une manière rationnelle, notre pays ne pourra supporter une large décentralisation communale. » (*De l'autonomie municipale*, p. 5-6.) Par organisation rationnelle du suffrage universel, M. Romanet du Caillaud entend une organisation non pas dirigée en vue de la souveraineté des partis, non pas basée sur le droit individuel des citoyens, mais une organisation représentative de l'organisation sociale et inspirée des principes de responsabilité, donc de conservation.

IV

QUE LA RÉPUBLIQUE A CENTRALISÉ

Organiquement incapable de décentraliser et obligée de centraliser encore et toujours, la République a effectivement resserré le lien de la centralisation.

Ce n'est pas en quelques paragraphes que nous pouvons le montrer en détail. Mais des écrivains de grande compétence l'ont examiné en des études de longue haleine. Je citerai la plus récente de ces études, celle qu'a publiée M. J. Barthélemy, professeur agrégé de droit public à l'Université de Montpellier[1], dans la *Revue du droit public et de la science politique*. Elle est intitulée : *Des tendances de la législation sur l'organisation administrative depuis un quart de siècle*. C'est le

---

1. Aujourd'hui chargé de cours à Paris.

résumé des derniers chapitres d'un travail couronné, il y a trois ans, par l'Académie des Sciences morales et politiques, dans un concours « sur le régime de centralisation dans l'administration de la France depuis la mort de Louis XIV jusqu'à la fin du dix-neuvième siècle ». Si j'ajoute que M. Barthélemy est très nettement républicain, on reconnaîtra que son témoignage réunit toutes les conditions désirables et de compétence et, si l'on peut dire, d'impartialité. Eh bien ! ce témoignage est on ne peut plus conforme à notre thèse. Il est concluant et catégorique. Je vais en reproduire l'essentiel, en laissant autant que possible la parole à l'auteur[1].

*
* *

La loi du 10 août 1871, fort emphatiquement appelée la charte des libertés départe-

[1]. J'aurais pu citer aussi bien le rapport présenté par M. Henri Taudière sur « les restrictions apportées depuis vingt ans aux droits et aux libertés des assemblées locales », au congrès de la Vie provinciale tenu à Paris, du 28 mai au 4 juin 1904, sous les auspices de *la Réforme sociale*. Voir le fascicule du 1ᵉʳ novembre. Le distingué professeur de la Faculté libre de droit aboutit aux mêmes conclusions exactement que M. Barthélemy. On consultera aussi avec le plus vif intérêt l'étude publiée par M. François Maury à la

mentales ¹, ne saurait être portée à l'actif de la République : « Comment l'aurais-je fait si je n'étais pas né ? » dit l'agneau. Bien plus qu'à la République, qui n'existait pas encore, il convient d'en faire honneur aux monarchistes de l'Assemblée nationale ².

Revue bleue du 28 mars 1908, sous un titre qui en indique suffisamment l'esprit et les conclusions : *l'État démocratique contre les communes.*

1. M. Paul Deschanel (*la Décentralisation*, p. 74) l'appelle plus modérément — et n'est-ce pas lui qui est dans le vrai ? — un « fantôme de réforme ». A la page suivante, M. Deschanel constate que « depuis 1871 » l'administration préfectorale « s'est constamment efforcée de restreindre » l'action de la commission départementale.

2. *La Lanterne* du samedi 17 septembre 1910 écrit au sujet d'un discours prononcé l'avant-veille, au conseil général de l'Isère, par M. Antonin Dubost : « Très intéressant ce passage sur la décentralisation, sur le rôle futur de nos assemblées départementales. Peut-être pourrait-on discuter avec M. Dubost la question de savoir si la part d'autonomie et d'indépendance dont jouissent déjà les conseils généraux est, en réalité, « un bienfait républicain ». Les monarchistes de l'Assemblée nationale y ont beaucoup poussé. Certes ils pouvaient avoir leur pensée de derrière la tête et être hantés, par exemple, par le souvenir des anciennes provinces. Mais enfin ils ont fait œuvre décentralisatrice, et il est permis de reprocher au parti républicain de n'avoir pas poussé cette œuvre plus loin, dès qu'il a été en possession du pouvoir. »

De son côté, M. Clemenceau écrit dans *l'Homme libre* du samedi 16 août 1913 : « La loi sur les conseils généraux fut faite par les monarchistes de l'Assemblée nationale malgré des résistances républicaines. » Clemenceau ajoute : « Et quand Goblet, courageusement, donna l'élection des maires aux conseils municipaux, il y eut quelques républicains qui

L'installation de la République, marquée par l'élection de Jules Grévy à la présidence de la République et de Gambetta à la présidence de la Chambre, ne renversa aucune des anciennes bases de l'administration.

Vint la loi du 5 avril 1884. C'est plutôt, dit M. Barthélemy, « une œuvre de codification qu'une œuvre d'émancipation, c'est un point d'arrivée plus qu'un point de départ ». Que vaut son apport décentralisateur ? Il est à peu près nul.

« Le conseil municipal est libre, à condition que sa délibération ne menace ni les intérêts des citoyens vivants (approbation préfectorale des délibérations sur la vaine pâture, la voirie urbaine, les squares, champs de foire ou de tir), ni les intérêts des générations futures (approbation des actes qui touchent au fonds du patrimoine communal), ni les intérêts de l'État (approbation, pour sauvegarder la matière imposable, de toutes délibérations engageant des dépenses ou créant des ressources). *Comme il est impossible d'administrer*

---

hochèrent la tête. Cela paraît tout simple aujourd'hui. Ce fut alors une très grande affaire. »

Témoignage analogue dans *la Décentralisation* de Paul Deschanel, p. 56-60.

sans toucher à l'une quelconque de ces trois catégories d'intérêts, on devine que les exceptions doivent être si nombreuses et si importantes qu'elles emportent presque le principe. »

La loi de 1884 est encore moins la charte des libertés communales[1] que celle de 1871 n'est la charte des libertés départementales.

Et depuis 84 ? Eh bien ! depuis 84, toutes les fois que la République a fait mine de décentraliser, elle n'en a eu que l'air, si même elle ne s'est empressée de prendre de la main gauche le double de ce qu'elle avançait de la main droite. Au résultat, après trente années écoulées, nous sommes *en recul*.

La loi du 8 juillet 1908, par exemple, accorde au maire et à l'adjoint menacés de

---

1. Dans le rapport Paul Meunier (p.93), il est dit que « la grande loi du 5 avril 1884 a donné à la France la liberté communale ». Mais le même Paul Meunier, dans une lettre publique adressée à M. Steeg, alors ministre de l'Intérieur, au nom de la commission d'administration générale de la Chambre, écrivait le 21 juillet 1912 qu'il avait l'espoir de pouvoir bientôt « aboutir à constituer chez nous un régime de liberté municipale ». Je lui fis aussitôt remarquer (*Action française* du 1ᵉʳ août) que si la liberté municipale est encore à constituer chez nous, c'est apparemment que la « grande loi du 5 avril 1884 » ne l'a point « donnée » à la France ! Bluff et mensonge parlementaires. La démocratie se paye de mots. Non, la loi de 1884 n'est certes pas la charte des libertés communales. La charte des libertés communales, il ne faut l'attendre que de Philippe VIII.

révocation ou de suspension le droit d'être entendus verbalement ou par écrit sur les faits qui leur seront reprochés, et l'autorité administrative sera tenue de motiver les arrêtés de suspension et les décrets de révocation. Oui, mais, remarque M. Barthélemy, quel compte le gouvernement tiendra-t-il des explications fournies ? Le motif invoqué pour l'arrêté de suspension ou le décret de révocation « peut être quelconque et se ramener au *quia displacuit nasus* » ; s'il n'y a pas de raisons, « on trouvera des prétextes, c'est le rôle d'un préfet de combat »[1]. Par conséquent, la loi du 8 juillet 1908 n'apporte aucune garantie réelle. Elle ne décentralise que sur le papier. A ranger au nombre des hypocrisies[2] républicaines !

[1]. On ne peut guère refuser à l'État le droit de suspendre ou de révoquer son agent dans la commune. Mais pourquoi les deux fonctions coïncident-elles entre les mêmes mains ? A l'étranger, cette confusion est évitée ; ce n'est pas la même personne qui représente et le pouvoir central et la communauté locale, de telle façon que, lorsque le gouvernement révoque son représentant, celui de la communauté demeure. Chez nous, le gouvernement qui veut se débarrasser d'un maire gênant le révoque, et la commune n'a qu'à s'incliner. Quand la France sera décentralisée, le maire et le délégué du gouvernement feront nécessairement deux.

[2]. « La concession de droits plus étendus aux autorités locales n'est qu'un leurre ou une hypocrisie si, pratiquement, le pouvoir central peut à son gré leur retirer ces concessions. » (Louis le Fur, *op. cit.*, p. 2).

La loi du 8 janvier 1905 accorde l'autorisation de plaider à toutes les communes sans distinction. Oui, mais, remarque encore M. Barthélemy, cette liberté judiciaire peut être supprimée en fait au gré du préfet. Il suffit à celui-ci de refuser le crédit correspondant à la provision qu'il est d'usage de verser entre les mains des hommes d'affaires. A la séance du Sénat du 19 mars 1908, un orateur a cité le cas d'une municipalité s'étant pourvue devant le Conseil d'État et mise par le préfet dans l'impossibilité de suivre l'instance : ce fonctionnaire s'obstinait à ne pas approuver le crédit que la commune avait voté pour assurer le payement des honoraires qui doivent être versés à l'avance à l'avocat du Conseil d'Etat. Encore une loi qui décentralise sur le papier !

Nous pourrions ainsi examiner une à une les prétendues lois décentralisatrices de la République. Elles se valent. Elles ne décentralisent rien du tout.

La proposition Gourju, qui est devenue la loi du 8 juillet 1908 et qu'avaient signée soixante sénateurs républicains, disait textuellement : « La tutelle administrative, qui ne constitue au fond qu'un simple droit de veto exceptionnel de l'État, uniquement justifiable quand il s'agit d'actes importants susceptibles d'engager et de compromettre l'avenir de la commune, s'exerce aujourd'hui à l'occasion des moindres choses et jusque dans les plus petits détails de la vie municipale. » Oui, et non pas seulement comme « simple droit de veto », mais de façon très positive. « En somme, écrit M. Barthélemy, ce qui ressort le plus nettement de la législation administrative la plus récente, c'est que l'État gêne les localités dans leur désir d'économiser, si elles l'ont, et que dans tous les cas il les pousse à la dépense. » Or, « l'augmentation des dépenses obligatoires présente pour la décentralisation les conséquences les plus graves : elle absorbe les ressources et supprime ainsi les éléments les plus précieux de la vie des localités ; elle contraint, en outre, les conseils municipaux à recourir pour les dépenses facultatives aux ressources extraordinaires, ce qui suffit, on le sait, pour mettre dans la main du préfet le budget, et par là toute l'administration de la commune ».

Qu'on veuille bien y réfléchir, là est, à bien

des égards, le nœud de la question. Des communes et départements riches auraient dans cette richesse même le moyen de se montrer indépendants. C'est pour cela que l'État républicain les pousse à la dépense et, quand ses invitations ne suffisent pas, les y oblige (« dépenses obligatoires »). Une commune pauvre a besoin du préfet, un département pauvre a besoin de l'État. Préfecture et gouvernement répondent à leurs demandes de subventions : Fort bien! mais pas de Suisses pas d'argent, pas de majorité pas de subventions. Votez d'abord pour mes sénateurs, mes députés, mes conseillers généraux et d'arrondissement, mes maires : vous recevrez votre mandat de payement *après* et pourrez *après* passer chez le percepteur [1].

Ainsi allons-nous, nous étatisant tous les jours. Communes et départements se transforment en simples rouages administratifs. La vie locale se mécanise, et en se mécanisant se corrompt et se perd... Jusqu'à l'exercice de la charité devenu un simple moyen de pression électorale aux mains de l'admi-

---

1. Voir note p. 121.

nistration centralisée ! Les lignes suivantes sont de M. Marc Frayssinet, à *la Petite République* du 28 décembre 1913 :

Cette poussière de tyrannies locales, elle est soulevée par la double action, tantôt alliée tantôt ennemie, de l'administration préfectorale et de l'administration communale. C'est la lourde tutelle qui pèse sur les petits fonctionnaires, ce sont les mille vexations inventées par l'imagination minutieuse et méchante de potentats ridicules. *C'est enfin l'exercice de la charité publique devenu le suprême moyen d'oppression !* En beaucoup de pays nous en sommes là : on considère les secours comme des instruments de propagande. Les partis se disputent le bureau de bienfaisance et le bureau des hospices, et l'ordonnateur qui, contrairement à la loi, est le maître unique des inscriptions, est trop souvent *le grand agent électoral*. La plupart des préfets acceptent comme une chose normale que leurs délégués soient les auxiliaires électoraux du maire, si celui-ci est un ami de l'administration, ou au contraire, ses pires adversaires si le malheureux, même républicain, n'est pas dans la faveur du moment.

Nous ne connaissons rien de plus répugnant que cette exploitation de la misère, rien de plus dangereux, non plus, avec le développement des lois sociales. Dans certaines régions ces pratiques monstrueuses gagnent peu à peu presque tous les services d'assistance. On recherche si l'attitude des filles-mères n'est point hostile au gouvernement, et nous avons eu entre les mains des feuilles de renseignements intéressant les nourrices, dans lesquelles le préfet s'informait non point de la fermeté de leurs seins, mais de la fermeté de leurs opinions politiques.

Autrefois, sous l'Ancien Régime, l'assemblée de la communauté réglait elle-même directement la plupart des affaires de la commune. M. Albert Babeau (cf. *le Village*) nous a dépeint l'origine, le fonctionnement, les limites de ces petites administrations si compétentes, si vigilantes, si économes, si ingénieuses ! Le système est toujours en vigueur en Allemagne (cf. Combes de Lestrade, *les Monarchies de l'empire allemand*, p. 287), en Angleterre (cf. Jenks, *Essai sur le gouvernement local*). Chez nous, tout se passe entre le maire, les bureaux de la préfecture et trois ou quatre employés irresponsables au chef-lieu de canton. Le referendum lui-même est interdit : une municipalité n'a pas le droit[1] de substituer la décision des habitants à celle qu'il lui

---

1. Voir *Revue du droit public*, janvier 1909, p. 75 et suiv.

appartient de prendre pour le règlement d'une affaire d'intérêt communal...

J'ai prononcé plus haut le mot de *recul*. Il n'est pas de moi. Il est de M. Barthélemy. Lorsque, arrivé au terme de son étude, M. Barthélemy veut dégager la conclusion, il écrit : « La République, entre les mains des républicains véritables, n'a pas donné, au point de vue de la décentralisation, tout ce que certains se seraient crus en droit d'attendre d'elle ; *dans l'ensemble*, malgré quelques réformes des plus louables, *elle n'a pas réalisé de progrès, et même y a-t-il un mouvement de RECUL* ». Il insiste : « Je dis qu'*il y a eu absence de progrès réel et même RECUL depuis la loi de 1884*[1]. » Pour être sûr d'être bien

---

[1]. Telle est, mot pour mot, la conclusion de M. Taudière dans le rapport que j'ai signalé : « Quant à la centralisation de l'an VIII, elle subsiste encore, et, si elle s'est quelque peu relâchée de 1866 à 1884, insuffisamment d'ailleurs, rien de sérieux n'a été fait depuis en ce sens ; même *il y a actuellement un mouvement de RECUL très marqué, tendant à concentrer tous les pouvoirs aux mains du préfet.* »
Dans *l'Idée de la décentralisation* (p. 13), Maurras a écrit de la législation décentralisatrice : « Elle a sans doute cheminé fort lentement ; si l'on peut regretter des excès de précaution, il ne faut pas perdre de vue qu'*elle n'a jamais éprouvé de recul.* » De plus ou moins bonne foi, les décentralisateurs démocrates se sont jetés sur ce texte et l'ont triomphalement brandi : — « Vous voyez bien ! »... D'abord, à l'entendre comme ils feignent de l'entendre, ce jugement,

compris, il se répète en d'autre termes : « Nous trouvons *à l'actif un accroissement théorique ; au passif*, UNE DIMINUTION RÉELLE DES LIBERTÉS LOCALES. »

Tel est le bilan décentralisateur de la République.

Peut-on, du moins, espérer une améliora-

daté de 1898, ne vaudrait que pour la période antérieure, et il est certain que depuis 1898 il y a eu, même au seul point de vue théorique, un recul marqué sur cette période. Vraie à sa date, la phrase ne l'est donc plus, je crois, si l'on tient compte des aggravations apportées au cours de ces seize années. Mais quelle était sa signification réelle ? Sous peine d'erreur, et d'erreur très grossière, il importe de faire une remarque que la lecture simplement attentive du texte invoqué impose. De quoi parle Maurras ? De la pratique administrative ? Nullement. Son jugement vise et ne vise que la législation décentralisatrice. Or la législation est une chose, la pratique en est une autre. Au surplus, Maurras s'est clairement expliqué, depuis, sur la méprise de nos adversaires. Il a écrit dans le *Débat nouveau* (p. 66) : « En quoi cette législation de 1884, par exemple, a-t-elle hâté la décentralisation véritable, celle qui passe dans les faits et dans les mœurs ? En quoi la vie locale a-t-elle été accélérée ? En quoi l'initiative des petits centres en a-t-elle été favorisée ? » Et plus loin (p. 67) : « La pression des idées, des programmes, des nécessités nationales a bien fait voter tels textes de lois dont l'énoncé suffit pour établir que la question se pose avec netteté et vivacité. Mais d'autres idées, d'autres programmes, d'autres nécessités mystérieuses dont nous verrons plus loin le sens et les raisons (ce sont celles que j'ai expliquées au chapitre précédent) ont fait équilibre à cette tendance, en sorte que le mouvement en avant est compensé par un mouvement en arrière et qu'au total on n'a réellement pas bougé. » Je rappelle que *le Débat nouveau* est de 1903. En 1914, le *recul* n'est plus douteux, — un recul considérable.

tion ? Écoutez : « La réaction centralisatrice que nous croyons voir se dessiner depuis vingt-cinq ans est, au fond, en parfaite harmonie avec les tendances socialistes qui semblent devoir se faire une place de plus en plus grande dans la politique de la France. » Autrement dit : 1° Le socialisme démocratique est essentiellement centralisateur ; 2° or la République s'annonce comme devant être de plus en plus socialiste (le socialisme d'État est la limite normale de la République, disions-nous tout à l'heure) ; 3° donc, manifestement, la République va continuer de centraliser.

*
* *

Nous remercions M. Barthélemy, fonctionnaire de la République, de nous avoir fourni ce témoignage écrasant pour la République et les républicains.

Nous verrons plus loin que ce qui se passe en France se vérifie aussi à l'étranger. En Suisse et aux États-Unis, la démocratie centralise. Au contraire, en Prusse, en Espagne, — partout, — comme Louis XVI à la veille de la Révolution, la Monarchie a décentralisé ou cherche à le faire.

V

PAROLES DE SOCIALISTE

Ouvrons une parenthèse pour recueillir les paroles prononcées à la Chambre par M. Molle, député socialiste[1] de Cette. Il ne serait ni juste ni habile de négliger cette confirmation éclatante de plusieurs de nos points de vue.

A la séance du lundi 27 juin 1910, M. Molle est donc intervenu dans la discussion sur la politique générale du gouvernement, et, limitant son intervention au projet de réforme administrative, il a dit (texte de l'*Officiel*) :

M. MOLLE. — L'oubli de l'autonomie communale et des libertés communales dans une déclaration ministérielle est essentiellement regrettable, car elles devraient figurer en bonne place parmi les réformes à faire...

---

[1]. En 1912, M. Molle s'est retiré du parti socialiste unifié.

Peu à peu, *nous avons déplacé l'axe social des réformes ;* de la commune qui était autrefois la *cellule embryonnaire de l'administration et de l'organisation sociale,* nous sommes allés vers l'État lui-même ; peu à peu, nous avons centralisé tous les services et nous avons fait peser, même sur les membres du gouvernement, dont je ne prends pas d'ailleurs ici la défense, à ce point de vue, des résultats néfastes d'une centralisation à outrance.

Nous voulons, en d'autres termes, que messieurs du gouvernement sachent tout ce qui existe, voient tout ce qui se passe, et nous arrivons à compromettre, les uns et les autres, la dignité ministérielle dans des questions auxquelles le gouvernement ne devrait pas être mêlé. Peu à peu, avec la centralisation, nous arrivons à ruiner les initiatives ; nous avons détruit nos commerces. (Applaudissements sur divers bancs.) *Nos ports ne peuvent plus soutenir la concurrence contre les ports libres de l'étranger ; avec la centralisation, nous sommes arrivés à mettre notre pays hors de proportion et hors de lutte avec les pays qui nous environnent.* (Nouveaux applaudissements sur les mêmes bancs.)

Le gouvernement l'a, d'ailleurs, si bien compris que, dans sa déclaration ministérielle, il nous a proposé la refonte de l'organisation administrative.

Je dois cependant lui dire qu'il n'est pas allé

assez loin. Il veut conserver les vieux cadres et les vieilles formules et, au-dessus de ces vieux cadres et de ces vieilles formules, établir une nouvelle formule d'administration.

Nous craignons — je rappelle le mot si heureux et si pittoresque de mon collègue M. Jaurès — nous craignons qu'au-dessus des préfets on ne crée aujourd'hui des surpréfets et qu'on ne fasse une administration provinciale ou une administration de région qui serait concomitante avec l'administration actuelle.

Les résultats néfastes de l'administration actuelle seraient encore aggravés par ces nouvelles institutions.

Je crois que le gouvernement aurait bien mieux fait d'aller franchement vers la réforme, de l'aborder de front et de déclarer qu'il était prêt à étudier la refonte complète de notre administration.

J'aurai l'occasion d'exposer ultérieurement à la Chambre divers documents qui prouvent l'intrusion du pouvoir préfectoral dans les affaires communales ; je veux dire seulement d'une façon générale qu'à la faveur de la loi de 1884, à la faveur de cette loi faussement démocratique, la commune n'est pas ce qu'elle devrait être, elle n'est pas le lieu d'expression de l'activité communale, elle est absolument entre les mains du pouvoir préfectoral, qui agit, qui ordonne selon la couleur politique des municipalités.

Dans une assemblée comme celle-ci, composée d'hommes doctes et experts, je n'ai pas besoin — je n'en ai d'ailleurs pas le temps — de rappeler quel a été le passé glorieux de la commune. Je n'ai pas besoin de narrer comment, pendant des siècles, cette organisation administrative a lutté contre les droits des seigneurs et contre le pouvoir royal.

M. Laurent Bougère. — La royauté a soutenu les communes.

M. Molle. — Je n'ai pas besoin de dire avec quel sentiment d'orgueil nous voyons dans les merveilleuses peintures de Jean-Paul Laurens ces beaux échevins du moyen âge, dans leurs grandes robes rouges, remettant au roi de France lui-même les lettres patentes qui donnaient le droit d'être citoyen dans les communes de la vieille France.

La commune, autrefois si puissante, aujourd'hui n'est plus rien, entravée qu'elle est par la loi de 1884, que vous devrez refondre et modifier si vous voulez faire renaître une vie municipale.

L'orateur parle à son aise de « modifier » la loi de 1884 dans le sens de la décentralisation... En pratique, le moyen d'opérer cette modification ? Nos deux derniers chapitres l'ont montré, demander à un pouvoir électif de décentraliser, c'est demander au foie de sécréter de l'anisette, au chardon de porter des roses : c'est demander l'im-pos-si-ble. Et cette impossibilité est commune à *tous* les pouvoirs électifs, qu'ils soient de nuance modérée, radicale, ou même socialiste, citoyen Molle ! — par cela seul qu'ils sont *électifs*, c'est-à-dire nés de l'élection et soumis à la réélection, lesquelles, encore une fois, s'assurent par la centralisation.

L'orateur continue :

Cependant la commune pourrait réaliser le but que le parti socialiste poursuit : la reconstitution de la petite patrie, de celle qui vibre dans le cœur de l'homme, dans laquelle on revoit son pays natal et son petit clocher. Elle pourrait être le berceau gardien, l'expression des intérêts immédiats, et la sauvegarde des initiatives privées et des libres volontés. Au lieu de chercher la solution des problèmes sociaux *en déplaçant l'axe de notre organisation*, nous ferions mieux de le placer dans la commune elle-même, parce que là est la solution exacte et sincère de tous les grands problèmes sociaux que nous avons mis à l'étude.

La déclaration ministérielle contient un grand nombre de réformes ; *une phrase les accorde, une phrase les ampute et une autre malheureusement les fait évanouir !...*

Je n'aborderai pas maintenant les critiques concernant les autres points, puisqu'elles ont été soulevées par plusieurs de mes collègues, je m'occuperai seulement de la partie touchant la reconstitution de l'administration provinciale, où je vois la sauvegarde des intérêts vitaux de notre nation.

Ici la grosse objection chère aux irréfléchis, cloîtrés dans la lune, qui n'ont jamais vu les bateaux « remonter les rivières », ni les malades « réagir » contre le mal ; mais l'orateur ne perd pas son temps à la discuter :

On vous dira, — peut-être l'a-t-on déjà dit ici même, — monsieur le président du Conseil, qu'en vous inspirant du passé pour renouveler l'administration provinciale, vous faites un pas en arrière.

Eh bien ! oui, on peut quelquefois puiser dans les organisations du temps passé des exemples précieux. Nous-mêmes, socialistes, ne sommes-nous pas en train de ressusciter les vieilles corporations[1], les jurandes et les maîtrises de l'an-

---

1. « La grève des cheminots a fait ressortir, aux yeux de beaucoup de personnes, la force des *organisations syndicales qui ne sont rien moins qu'une renaissance, sous une forme à peine dissimulée, des corporations de l'ancien régime*, que la Révolution a eu soin de détruire. » (*Petite Gironde*, mardi 18 octobre 1910.)

« De nos jours éclatera une autre preuve de l'excellence

cien droit, en les mêlant à une vie moderne, en leur donnant une activité nouvelle ? Ne sommes-nous pas de ceux qui considèrent que les leçons de l'histoire ne sont pas à dédaigner, et que, par conséquent, l'administration provinciale, comme la reconstitution des corporations, est une bonne réforme à laquelle nous devons nous attacher ? (Applaudissements sur divers bancs à gauche, au centre et à droite.)

A gauche, au centre et à droite : touchante unanimité ! Mais autant en emporte le vent...

N'est-ce pas Joseph de Maistre qui a dit que « l'histoire est la politique expérimentale » ? N'est-ce pas un de nos princes, le comte de Paris, qui a dit que la monarchie de demain

---

des corporations si étourdiment détruites par Turgot et par les révolutionnaires ses continuateurs : malgré son horreur de l'ancien régime, notre époque cherche à rattraper dans ces traditions brisées les éléments qu'elle y peut encore saisir. *Les syndicats ouvriers eux-mêmes ne sont-ils pas une résurrection des anciennes corporations*, et avec leurs règlements essentiels, le repos hebdomadaire, l'interdiction du travail de nuit aux femmes, la surveillance du travail des enfants ? » (Frantz Funck-Brentano, *Revue hebdomadaire*, 29 octobre 1910.)

La *Petite Gironde* et M. Funck-Brentano exagèrent assurément. La corporation était autre chose, quelque chose de plus, que le syndicat moderne. C'est la réunion du syndicat ouvrier et du syndicat patronal qui constitue essentiellement la corporation. De pareils propos sont cependant à noter ; ils montrent la disposition des esprits à renouer avec le passé : nos clartés feront le reste.

sera « traditionnelle par son principe, moderne par ses institutions » ? N'est-ce pas Paul Bourget qui, parlant en bref, a dit, dans une magnifique formule lapidaire, qu'il faut « défaire systématiquement l'œuvre meurtrière de la Révolution française » ?

Applaudissons donc au citoyen Molle et à ses camarades en train de refaire, avec les communes, provinces, jurandes et corporations, le vieil édifice social.

VI

A L'ÉTRANGER

Nous avons montré : 1° qu'en théorie, la république démocratique, régime électif, loin de pouvoir décentraliser, est organiquement obligée, au contraire, de centraliser encore et toujours ; 2° que, chez nous, elle a bel et bien centralisé en fait. Et nous avons posé qu'à la différence de la République, la Monarchie, héréditaire, *peut* décentraliser : exemple, la monarchie française sous Louis XVI.

Je voudrais, par une rapide excursion, d'abord aux États-Unis et en Suisse, puis en Espagne et en Prusse, apporter à cette double vérité, démontrée pour la France, une confirmation générale.

.ˊ.

En ce qui concerne les États-Unis et la

Suisse, il importe de faire au préalable une remarque. C'est que, au point de vue politique, pour ces deux pays, les mêmes mots désignent souvent des choses très différentes de chez nous.

Ainsi, lorsqu'on voit dans la Suisse l'idéal *démocratique*, on commet une erreur énorme[1]. Avec ses communes bourgeoises, en particu-

---

[1]. M. Robert de Traz, qui m'a fait l'honneur de discuter ces lignes dans *la Voile latine* de Genève (août 1910), me demande « comment *l'Action française* définit la démocratie ». Réponse : La démocratie est le gouvernement du peuple, de la masse, du nombre ; c'est l'élection fondée sur l'égalité et « étendue à tout », comme dit Balzac.

— « Mais alors, poursuit M. de Traz, je demanderai à M. Cellerier de répondre à une question que je me suis souvent posée : La doctrine de *l'Action française* voudrait abolir en France le parlementarisme — basé sur l'élection — et rétablir, en même temps que la Monarchie, des groupements corporatifs et des assemblées provinciales. Mais comment fonctionneront intérieurement ces groupements et ces assemblées, sinon par l'élection ? La démocratie rentrerait-elle par la fenêtre ? »

— Nullement. La démocratie c'est le *gouvernement* créé et dominé par l'élection. Mais les groupements corporatifs et les assemblées provinciales (où d'ailleurs il n'est pas dit que l'élection soit seule à jouer son rôle) n'auront pas de pouvoirs de *gouvernement* proprement dits. C'est le Roi, le Roi seul, qui, selon la formule, « régnera et *gouvernera* ». L'élection ne sera donc plus « étendue à tout », puisque la constitution de l'État et l'action supérieure de l'État se trouveront retranchées de son domaine. — Je résume : Deux termes constituent la démocratie : 1° élection, — 2° gouvernement. M. de Traz prend la partie (élection) pour le tout.

Au fond, toute cette question doit être comprise à la lulier, la Suisse est une terre de privilèges. Dans ces communes, les pâturages communs, les bourses d'études et les bourses d'apprentissage pour les enfants, les orphelinats, les hôpitaux, les œuvres pies, les forêts et les produits de ventes de leurs coupes, tous ces avantages sont réservés aux seuls « bourgeois », c'est-à-dire aux héritiers légitimes des

mière de l' « aphorisme » définitif du marquis de la Tour du Pin : « *La démocratie est 'état naturel des sociétés simples où la diversité des conditions est peu marquée ; ou bien encore l'état arbitraire de celles où les fonctions sociales sont réputées sans rapport avec les fonctions politiques. Elle est ainsi tantôt dans la nature des choses, tantôt au rebours de celle-ci ; tantôt une vérité, tantôt un contresens.* » Dans une république de quelques toises d'étendue « où la diversité des fonctions est peu marquée », ou encore dans un syndicat dont tous les membres ont réellement des intérêts sensiblement égaux, il est normal que l'égalité de droit reproduise cette égalité de fait. Mais dans un pays grand comme la France, dans une société complexe comme la nôtre, l'élection « étendue à tout » — la démocratie — est un « contresens », une régression. Jusqu'au jour plaisamment salué par Jules Lemaître (*En marge des vieux livres ; l'École des Rois*) : « Le jour où il sera dûment constaté que tous les hommes sont bons et qu'ils sont *égaux* en vertus et en lumières, je prie celui de mes successeurs qui régnera à cette époque d'abdiquer le pouvoir et d'établir dans le pays le suffrage universel et la république... » Mais je n'ai cité que les premières lignes de la définition lumineuse donnée par la Tour du Pin. Voir le développement aux pages 35-37 des *Aphorismes de politique sociale*. Cf. ensuite *le Dossier d'une discussion*, revue de *l'Action française* des 15 juin 1902 et 15 août. La question y est traitée à fond.

familles à qui les biens avaient été donnés ou laissés jadis à l'état indivis ; les simples « habitants » en sont impitoyablement exclus. Ces communautés sont donc des associations *aristocratiques* au premier chef, comme les anciennes républiques de la Grèce, divisées en citoyens et en esclaves, ou, si l'on préfère et plus justement, comme telles villes libres de l'ancienne France, Périgueux par exemple, où les citoyens ou bourgeois administraient seuls les intérêts publics, où tout le reste, habitants ou manants, n'avait aucune part aux affaires. On objectera que les « communes bourgeoises » tendent à disparaître ? Ce n'est pas prouvé : à Soleure, la séparation de la commune bourgeoise et de la commune d'habitants et leur organisation en corps administratifs distincts y sont des faits relativement récents (1876). Quoi qu'il en soit, que les communes bourgeoises tendent ou non à disparaître, elles existent, et leur existence — comme celle de tant d'autres créations du passé, dont nous dirons un mot tout à l'heure — atténue singulièrement le caractère *démocratique* de l'organisation politique de la Suisse.

De même, aux États-Unis, non seulement

les mœurs se font de moins en moins démocratiques [1], mais la constitution elle-même est beaucoup moins démocratique qu'on ne le dit. Et en effet l'égalité théorique des États, leur représentation égale au Sénat quelle que soit leur population respective, sont des éléments historiques forts distincts de ce droit purement individuel et quantitatif qui est le grand signe démocratique, comme le vote par tête est le grand instrument de la démocratie. M. André Tardieu écrivait dans *le Temps* du 28 avril 1908 :

Historiquement, le Sénat représente les éléments premiers de la République américaine, et c'est là, je crois, la source principale de son autorité morale. Les deux sénateurs de chaque État se considèrent et sont en réalité les ambassadeurs de leur État auprès du gouvernement fédéral... Le Sénat a conscience de ses origines et n'oublie pas qu'il représente auprès d'une Répu-

---

1. Cf. Jules d'Auriac, passage cité plus haut, p. 33. En outre : « L'idée de classes supérieures, orgueil de ceux qui en font partie, envie de ceux qui aspirent à y entrer, cette idée est tellement naturelle à l'esprit humain que l'Amérique elle-même commence à l'admettre, l'Amérique qui pouvait et devait voir fleurir la société idéale des Egaux ! » (P. 215-216.) Cf. encore et surtout Paul Bourget, *Outre-Mer*.

blique puînée des républiques naguère indépendantes.

M. Tardieu écrivait encore :

Le Sénat réagit contre les *tendances centralisatrices* qui résultent nécessairement du développement de la politique américaine... Il est traditionaliste avec passion.

Eh bien ! malgré ce Sénat passionnément traditionaliste, malgré des institutions vieilles d'un siècle et quart et jalousement gardées par la Cour suprême, malgré une ploutocratie *nationale* qui joue un rôle directeur, ou excitateur, ou modérateur, malgré tous ces tempéraments apportés à la force brute du principe électif, il existe aux États-Unis — M. Tardieu et *le Temps* viennent de le reconnaître — un mouvement de centralisation indéniable, des « tendances centralisatrices ».

Au sujet du message qu'adressa Roosevelt en quittant le pouvoir, le même M. Tardieu écrivait quelques mois après, le 11 décembre 1908 :

On connaît la grande réforme économique que préconise le président. Il n'entend pas (?) porter atteinte aux droits des États garantis par la constitution. Il demande seulement que ce qui, dans l'activité des grandes sociétés et des trusts, a un caractère national soit l'objet d'une surveillance, d'une législation également nationales... Pour cela, il considère qu'*un nouveau rouage fédéral doit être créé*. Il conviendrait, selon lui, que les sociétés dont l'action s'étend à différents États soumissent leurs livres à un bureau *fédéral*, qui pût exercer sur elles un contrôle plus administratif que judiciaire, plus préventif que pénal, etc.

D'autre part, M. Ernest Judet, en constatant, dans *l'Éclair*, que « la même politique » était « sûre de durer » avec Taft (ce qui prouve que la « tendance centralisatrice » n'est pas une manifestation passagère, mais qu'elle tient au fond même des nécessités politiques de la grande République américaine), M. Judet écrivait le 8 mars 1909 :

Le nouveau président s'inquiète avec raison du désordre et du danger que cause l'indépendance des États particuliers : leur intérêt ou leurs passions sont trop souvent en opposition avec le salut de l'Union entière, de l'ensemble fédératif.

Comme André Buffet nous a expliqué qu'il

advient nécessairement en toute démocratie, nous voyons donc le souci national et le souci de parti conspirer aux États-Unis contre l'autonomie des États[1]. Plus on ira et plus on verra le César qui « perce » sous les Roosevelt, les Taft et les Wilson s'efforcer de centraliser les pouvoirs.

Il y rencontrera des obstacles, dites-vous ? Sans doute. Lesquels ? Justement ces puissances de tradition que nous avons énumérées plus haut (Sénat, Cour suprême, constitution, indépendance des États elle-même, etc.). Mais il demeure que *le mécanisme américain se développe dans le sens de la centralisation par tout ce qu'il comporte de proprement démocratique.*

*
* *

La Suisse, qui n'a pas de politique « mondiale », est en train de centraliser joliment, elle aussi, depuis un demi-siècle, exactement depuis l'arrivée des radicaux au pouvoir[2].

Les personnes ignorant l'histoire contemporaine de la Suisse et qui nourriraient des

---

1. Même double constatation pour le Brésil.
2. Cf. appendice III.

doutes à ce sujet n'auront qu'à lire les deux articles de M. Henri Joly publiés par *le Correspondant* du 25 janvier et celui du 10 février 1909, sur la Suisse politique et la Suisse sociale[1]. Ils y verront dépeinte la « résistance

---

1. Voir aussi *la Suisse au point de vue économique et social*, de M. Struby-Siegler, Genève, Soulier, 1907 ; *la Suisse au XIXe siècle*, de M. Pierre Clerget, Paris, Armand Colin; *Une Démocratie historique*, par Charles Benoist, *Revue des Deux Mondes*, 1895, t. I., et surtout *la Centralisation économique en Suisse*, par M. Georges Gariel, Paris, Arthur Rousseau. Cet ouvrage considérable est en cours de publication. Il comptera une vingtaine de fascicules. Ont paru les deux premiers fascicules, l'un contenant un avant-propos, une introduction importante et le chapitre relatif aux Postes fédérales ; le fascicule II est consacré aux Chemins de fer fédéraux ; les suivants concerneront la Monnaie fédérale, la Banque nationale, les Douanes fédérales, le Monopole de l'alcool, etc.
M. Gariel rappelle ce jugement de M. Charles Benoist : « La croissance de l'État central, les résistances des États particuliers ; la croissance du pouvoir central, les résistances des pouvoirs cantonaux ou des libertés cantonales; les tentatives d'expropriation graduelle des anciens États historiques par l'État politique et juridique moderne, dans toute l'histoire de la Suisse au xixe siècle, pour qui la regarde en philosophe, il n'y a guère que cela. » Et M. Gariel ajoute : « Qu'on la regarde en économiste, en philosophe des questions matérielles, le jugement reste aussi vrai : depuis cent ans, toutes les questions qui se posent en Suisse se réduisent à un problème de centralisation. » De 1798 à 1848 l'œuvre de la centralisation se dessine et se prépare.. Avec la constitution de 1848, l'œuvre se réalise, et depuis « elle se poursuit sans discontinuer ». Un trait à retenir, car il illustre de façon saisissante notre théorie de la centralisation conséquence directe du régime des partis : au lendemain du *Sonderbund*, « pour mieux asseoir son

de la vie cantonale à *l'action croissante de la Confédération* » :

Le mouvement va, malgré tout, en s'accentuant et il ne laisse pas que d'effrayer beaucoup de cantons. Il les effraye à ce point que, de leur propre aveu, ils repoussent certaines propositions dont le fond leur paraît très bon ; ils ne demanderaient pas mieux que de s'en approprier l'esprit, mais ils craignent qu'il n'en résulte un accroissement des attributions de Berne. « Nous ne sommes pas de Berne ! Nous ne voulons pas de l'esprit de Berne ! Prenez garde à Berne ! » voilà des exclamations que j'ai pu lire en plus d'un journal et sur plus d'une affiche.

Veut-on des exemples de cette « centralisation grandissante » ? Je pourrais citer l'unification des diverses législations civiles, acquise depuis plusieurs années, et celle des législations pénales qui le sera bientôt ; toutefois, je dois le dire, certains bons esprits voient dans cette unification une réforme heureuse, et ils remercient les radicaux d'avoir

---

triomphe, le parti radical ne crut pouvoir mieux faire que de reviser le pacte fédéral dans une direction centraliste, et de fortifier ainsi le pouvoir de la majorité ». On sait que ce parti a gardé le pouvoir dans la Confédération suisse depuis cette époque.

enfin fondé un droit national — qui, au surplus, se serait très bien dégagé sans eux. Mais le monopole de l'alcool! le rachat des chemins de fer? En la seule année 1908 le monopole des chemins de fer se traduisait par un déficit d'environ huit millions (ce qui équivaudrait en France, dans le cas d'un rachat général, à un déficit de 90 à 100 millions uniquement sur ce chapitre spécial du budget). Aussi, au moment où M. Joly écrivait son étude, parlait-on de diminuer sensiblement le nombre des trains! Pour fournir un autre exemple : sous prétexte de simplification et d'économie, la Suisse n'a-t-elle pas centralisé ses pénitenciers, ces admirables écoles de réforme qui luttaient si avantageusement contre la criminalité juvénile et qui vont désormais concourir à former chez elle le criminel professionnel, qui y était à peu près inconnu? Enfin, au point de vue corporatif, quelles conséquences ne déterminera pas, dans un avenir plus ou moins éloigné, la motion votée au mois de juin 1908 : « La Confédération a le droit de statuer des prescriptions uniformes dans le domaine des arts et des métiers » !

J'entends bien qu'ici encore, comme aux États-Unis, des forces solides ne sont pas « sans opposer à ces courants une résistance qui les modère et quelquefois les régularise ». Il faut mettre en première ligne la force des traditions, si profondes dans ce pays, tout particulièrement la religion et la langue : les cantons catholiques se défendent contre Berne parce que protestante, les cantons français parce qu'allemande. En second lieu, les innombrables groupements, corporations, sociétés, toutes ces libres institutions si jalouses de leur autonomie et qui dressent leurs membres à l'administration de biens étendus, en leur donnant le sens de la vie collective. Enfin cet esprit public lui-même, cette attention habituelle de chacun aux questions cantonales d'abord, nationales ensuite, qui assure la collaboration réelle du peuple avec l'administration locale et même avec les Chambres (par le referendum entre autres).

M. Joly écrit :

L'esprit cantonal ne recule ainsi que lentement, méthodiquement, pour ainsi dire, et, en reculant, il paraît devoir se conserver des points d'appui, capables de résister également à l'esprit individualiste et à l'esprit centralisateur qui, en d'autres pays, s'aggravent l'un l'autre en se coalisant.

Deux remarques. — L'esprit cantonal « recule » donc, soit dit encore une fois. Secondement, ces « points d'appui », dont nous venons d'indiquer les principaux, n'ont rien de démocratique ; toutes ces puissances de sélection, toutes ces survivances de l'histoire, qui maintiennent l'individu incorporé à des groupes territoriaux, professionnels ou autres, et qui par conséquent le dominent et le disciplinent, sont le fruit d'époques d'*aristocratie*.

*
* *

Au résumé : nous voyons, en Suisse et aux États-Unis, deux éléments se combatre. D'une part, un élément aristocratique qui atténue et ralentit l'autre, et, constatation très importante du point de vue de la loi expérimentale des « variations », plus cet élément est développé, moins l'autre a de prise[1]. D'autre part, un

1. M. Joly assure que les communes bourgeoises « ont particulièrement la vie dure ».

élément démocratique et novateur qui pousse sans cesse à une centralisation plus profonde et plus étendue.

Ni l'exemple de la Suisse ni celui des États-Unis ne valent contre notre thèse, que la centralisation est un phénomène démocratique engendré par l'essence de la démocratie, par l'élection. La Suisse et les États-Unis vont se centralisant, bien qu'armés contre la centralisation. Mais nous en France, que rien ne défend contre elle, comment nous étonner qu'elle nous envahisse ? comment espérer la tenir quelque jour en échec, la dominer, la retourner, autrement qu'en ruinant d'abord sa source, le régime électif, autrement qu'en renversant la République ?

*
* *

Les réformes décentralisatrices de la Monarchie prussienne au début du XIX⁰ siècle ont été assez bien mises en lumière, malgré des méprises inhérentes à l'esprit individualiste et jacobin de l'auteur, par M. Godefroy Cavaignac dans son premier volume de *la Formation de la Prusse contemporaine* (Paris, Hachette, 1891, chapitres XI, XIV, XVI *in fine*).

A partir de 1806, Stein, comme devait l'être un demi-siècle plus tard Bismarck, fut exclusivement dominé par l'idée de la patrie allemande. Faire de l'Allemagne un État politique indépendant, libéré des influences étrangères et des causes de dissolution intérieures, ce fut le but auquel il ramena tout.

Il commença la réalisation de ce dessein méthodiquement : par la réforme intérieure de l'État prussien, qu'il envisageait comme l'instrument naturel de cette rénovation nationale. Car il avait clairement discerné que les causes de la ruine de la Prusse résidaient dans les vices de son organisation, de cette organisation à la fois féodale et centralisée qui ne permettait pas au peuple de participer activement à la vie publique[1]. « Il faut, disait-il dans son mémoire du mois de juin 1807, rédigé à la demande de Frédéric-Guillaume III, il faut détruire cet attachement étroit au mé-

---

[1]. Von der Goltz, dans son ouvrage intitulé *Rosbach et Iéna*, montre bien que le peuple et les fonctionnaires, habitués à recevoir en toutes choses une direction du pouvoir central, se trouvèrent pris au dépourvu quand cette direction qui s'étendait à tout vint à manquer.

canisme, qui est le trait distinctif de la bureaucratie. Il faut accoutumer la nation à administrer elle-même ses propres affaires, la sortir de cet état de tutelle où la tient une administration à la fois servile et agitée. » Et tout de suite il se mit à l'œuvre.

Son court ministère de quatorze mois vit naître trois réformes considérables : la réforme sociale qui résultait de l'édit du 9 octobre 1807, la réforme municipale du 19 novembre 1807, la réforme provinciale de novembre-décembre 1808. La première est assez peu importante, à notre point de vue ; mais les deux autres, la réforme municipale et la réforme provinciale (dite « réforme administrative », qu'il parvint à peine à réaliser partiellement à la dernière heure de son administration, et que ses successeurs Altenstein et Dohna complétèrent rapidement), ces deux réformes ont servi de base à l'établissement de cette « administration du pays par lui-même » (*Selbstverwaltung*) qui tenait dans les préoccupations de Stein une place prépondérante.

La réforme provinciale donna de moins bons résultats que la réforme municipale, parce que les éléments sociaux qu'elle visait à organiser étaient moins bien préparés. « L'idée de Stein, écrit M. Cavaignac, était de substituer au fonctionnaire des représentants élus, ignorants sans doute des règles et du mécanisme administratifs, mais connaissant le pays pour y vivre, et chargés d'administrer gratuitement ses intérêts ou de participer du moins à leur administration. » Stein entendait en outre instituer ainsi une « représentation nationale » qui fût comme un grand comité consultatif dont on prendrait l'avis en matière de législation générale. Les faits, dis-je, répondirent assez mal aux dispositions de cette ordonnance : elle était prématurée ; les éléments qui auraient dû être représentés et administrés n'existaient pas ou n'avaient pas conscience du nouveau rôle qu'on les appelait à jouer.

Ces éléments sociaux existaient, au contraire, dans les villes, et bien vivants. Ils s'empressèrent d'utiliser les privilèges que leur conféra l'ordonnance du 19 novembre, véritable charte d'autonomie communale. On doit même convenir qu'elle était excessive. Non seulement l'administration municipale recevait le droit de régler librement son budget, de contracter des emprunts, d'aliéner de sa pleine autorité les biens communaux, mais le contrôle de l'État se trouvait réduit à néant. Il fallut faire machine en arrière. Dès le 16 avril 1809, une nouvelle ordonnance supprima les juridictions municipales, qui devinrent tribunaux d'État, et l'on distingua, dans les attributions de police, l'administration proprement dite, qui fut laissée aux municipalités, et la police au sens propre du mot, c'est-à-dire le maintien de l'ordre public et de la sûreté individuelle ; ces dernières attributions furent confiées, dans les plus grandes villes, à des directions de police, qui étaient de purs organes d'État, et dans les autres elles furent déléguées par l'État au magistrat élu.

L'ordonnance de 1808 fut encore modifiée plusieurs fois jusqu'à celle de 1831, qui est devenue le code municipal de la Prusse. Mais l'œuvre de 1808 « n'en est pas moins un monument considérable », déclare M. Cavaignac. Et il ajoute en conclusion finale : *Stein est un décentralisateur.*

Stein a décentralisé et son œuvre féconde

dure encore. Elle n'a pas été altérée, depuis cent ans. La lutte de Bismarck contre le parlementarisme prussien ne s'est pas effectuée aux dépens de la décentralisation administrative. Davantage, l'autonomie administrative et l'autonomie économique et sociale vont grandissant sans cesse. On lit dans *la Décentralisation* de Paul Deschanel, p. 20 en note : « En Prusse, la loi du 13 décembre 1872 sur l'organisation des cercles, la loi du 29 juin 1875 sur l'organisation des provinces, ont étendu de nouveau les libertés des provinces, des cercles, des villes et des communes rurales. Elles ont réuni tout le pouvoir administratif aux mains des pouvoirs locaux élus ; bien plus, elles leur ont confié la justice administrative. » Cf. encore: Jules Huret, la série *En Allemagne* ; enfin, l'ouvrage du Vte Combes de Lestrade, *les Monarchies de l'empire allemand, organisation constitutionnelle et administrative;* le livre VII est spécialement consacré à l'exposé de l'autonomie administrative.

*
* *

Passons en Espagne.

On sait que le programme carliste visait à la reconstitution des libertés provinciales : *Los Fueros y el Rey netto*. Ce que l'on sait moins, c'est que l'habileté de Maura était d'appliquer à la monarchie alphonsienne ce programme autonomiste. Le grand ministre élabora un projet dit « d'administration locale », dont les articles essentiels étaient déjà votés par les Cortès lorsque le cabinet fut renversé, à l'automne de 1909.

Il n'est d'ailleurs pas douteux que c'est ce projet de réforme qui a déterminé la chute du ministère. *Le Temps* du 22 avril 1908 publiait un Bulletin de l'Étranger très suggestif sur l'accueil fait au projet par les divers partis politiques des Cortès. *Pour,* les conservateurs, les réactionnaires. *Contre,* les libéraux, les démocrates, les républicains ; et plus on allait à gauche plus l'opposition était violente. Au reste, voici le témoignage du *Temps* :

... On n'aperçoit pas clairement comment se dénouera le conflit, dont la réforme de l'administration locale est, comme on sait, l'origine.

Cette réforme, qui est depuis de longues

années à l'étude, répond à une nécessité. Dans un grand nombre de communes espagnoles, il n'y a pas réellement de municipalité. L'alcade et son secrétaire, qui est toujours sa créature, sont les maîtres de la gestion municipale et les grands organisateurs de la pression électorale.

M. Maura, dans une loi antérieurement votée, a restreint le rôle excessif que jouaient dans la préparation des scrutins, ces municipalités artificielles. Son projet actuel tend à limiter encore l'action politique des administrations locales au profit de l'action administrative. Pour cela, le premier ministre veut que *que les corporations et associations soient représentées dans les municipalités.* A cet égard, le projet qu'il soutient est de tendance démocratique (?) et *décentralisatrice....*

Ce sont ces dispositions qui ont provoqué l'obstruction de sept députés républicains intransigeants, dont les plus connus sont MM. Benito Perez Galdos, Morote Calzada, députés de Madrid, tous les trois ; Soriano, député de Valence ; Surra, député de Séville. Ces obstructionnistes affirment qu'à la reprise des séances ils continueront à présenter et à défendre sur chaque article — il y en a plusieurs centaines — toute une série d'amendements. Ils continueront à exiger le *quorum* de soixante-dix membres prévu par le règlement pour l'approbation du procès-verbal de la séance précédente. Ils exigeront aussi le vote nominal sur chaque amendement. La situation créée par eux a, dit-on, décidé M. Maura à proposer, avec l'appui non seulement de sa majorité, mais aussi de certains membres de l'opposition dynastique, une réforme du règlement destinée à restreindre les moyens d'obstruction par lesquels, sous le régime actuel, une poignée de députés peut paralyser le travail parlementaire...

Je me rappelle avec quel intérêt passionné tous les disciples de la Tour du Pin, tous ceux qui ont compris la pensée de réorganisation corporative du comte de Chambord, d'après laquelle les « corps » devraient entrer dans la base du suffrage ; tous ceux qui ont lu, à l'appendice de *l'Enquête sur la Monarchie* de Maurras, les pages intitulées *Dictateur et Roi* ; je me rappelle, dis-je, avec quelle curiosité passionnée et quelle ardente sympathie tous ceux-là suivaient, d'ici, le sort de cette expérience, à laquelle était intéressé l'avenir de la civilisation européenne.

Dès les premiers jours de l'émeute de Barcelone (30 juillet 1909), Jacques Bainville, avec la connaissance si sûre qu'il a des choses politiques de l'étranger, dénonçait, dans *l'Action française*, « une singulière combinaison du jacobinisme centralisateur et du séparatisme catalan ». Il démontrait tout ce qu'il y avait de désespéré dans cette tentative :

Les éléments séparatistes irréductibles, les Catalans pour qui aucune entente n'est admissible avec les hommes de Madrid, savent que le projet de décentralisation préparé et défendu par M. Maura et dont l'application est imminente marquerait l'échec de leur mouvement et la fin de leurs espérances... La politique équitable, nationale et habile à la fois, de M. Maura a rallié déjà les éléments conservateurs et traditionnels de Catalogne. Elle avait réussi à ramener le calme dans une région troublée. Le roi Alphonse XIII a pu, il y a quelques mois, entrer à Barcelone. Il y a paru et il y a été acclamé sans aucun des incidents ni des malheurs annoncés. Ce succès du gouvernement conservateur n'a pu qu'irriter ce qui subsiste d'éléments révolutionnaires et radicaux en Catalogne, et même dans le reste de l'Espagne. Le projet d'administration locale lui-même, avec ce qu'il comporte de contraire aux conceptions du libéralisme et aux idées de 1789, est odieux aux partis avancés. Quelle revanche si les événements de Barcelone retournaient l'opinion, la rendaient hostile aux mesures de décentralisation et entraînaient la chute de M. Maura, la fin de sa politique et l'échec de sa pensée contre-révolutionnaire !

Le malheur a voulu qu'après avoir résolument assumé la dictature, M. Maura crut devoir faire (ou fut obligé de faire) sa part au fléau des assemblées. La machination ferrériste, une de ces minutes de nervosité si faciles à provoquer au milieu d'une réunion et des discussions, quelques paroles violentes échappées à un ministre, enfin, il n'en a pas fallu davantage pour emporter cette œuvre admirable qui introduisait la paix sociale par l'autonomie, détruisait l'influence des partis et le règne des clans, donnait à la jeune monarchie alphonsienne des assises inébranlables, portait un coup terrible à la Révolution cosmopolite...

Mais si cet effort n'a pas abouti, à qui en incombe la responsabilité ? Aux libéraux et aux républicains : *au principe démocratique, ou brut ou mitigé*. C'était l'ardent désir du gouvernement de réaliser cette réforme ; c'eût été le privilège d'un système monarchique non faussé, d'en permettre la réalisation. Au surplus, projet manqué pour projet manqué, qu'on compare l'œuvre de Maura et l'œuvre décentralisatrice d'un Clemenceau ! Celle-là présente un positif fort appréciable; celle-ci, un indéniable négatif[1].

⁕⁕⁕

A l'exemple de l'Espagne et de la Prusse j'aurais pu ajouter celui de la Belgique moderne. Tous les fédéralistes français ont recueilli avec douleur et quelque dépit un passage du discours prononcé à l'été de 1910, à l'Hôtel de Ville de Paris, par le roi Albert: « J'ai été extrêmement heureux de me rendre à l'aimable invitation du conseil municipal, car *je viens d'un pays où l'Hôtel de Ville est le symbole même de la grandeur de la cité,*

---

1. On sait que le gouvernement de M. Dato vient de réaliser — par décret — une large partie du programme décentralisateur. La réforme des *mancomunidades* a paru au *Temps* être le fait d'une inconcevable audace. *Le Temps* ne se rend pas compte que ce qui est impossible ou le comble du difficile pour les républiques est rendu aisé aux monarchies par leur situation indépendante. Cette réforme est sans doute incomplète ; le gouvernement d'Alphonse XIII verra à la compléter. Mais, telle quelle, c'est un grand pas d'accompli. On n'en saurait exagérer l'importance. Cf. dans *l'Action française* : Rodrigue, 17 juillet 1912 ; Jacques Bainville, 24 décembre 1913 ; Luiz Martinez, 27-28 décembre; Intérim de Criton, 6 et 8 janvier 1914; G. de Pascal, 24-25 janvier, — et l'article d'Alcide Ebray dans *le Soleil* du 22 décembre 1913.

le temple de ses franchises et de ses libertés communales[1]. »

A quoi bon entasser les exemples[2]? En dehors même des démonstrations théoriques, il est suffisamment prouvé que la Monarchie *peut* décentraliser, puisqu'elle l'a *fait*.

1. Ces franchises et ces libertés communales ne sont pas toutes des créations du passé qui surnageraient tant bien que mal. La monarchie belge ne cesse d'accroître sous nos yeux le trésor des libertés locales. (Criton de mars 1914.) Ou, pour mieux dire et à proprement parler, il n'y a pas, il ne peut guère y avoir de mouvement décentralisateur en Belgique, l'équilibre que nous cherchons à rétablir en France n'ayant pas été rompu là-bas entre le pouvoir central et les autres (si ce n'est pendant le court espace de l'occupation française). Il y existe un certain nombre de principes directeurs au rebours de ceux qui fonctionnent chez nous, et ces principes, en présence d'une situation nouvelle, créent tout naturellement de nouvelles libertés de fait. On a vu, par exemple, en février 1914, comment la question scolaire y a reçu une solution conforme à l'esprit d'autonomie et opposée à l'esprit étatiste qui triomphe chez nous. Cf. le rapport de Georges Eckhout sur *la Décentralisation administrative en Belgique*, à la *Revue catholique des institutions et du droit*, mai 1913.

2. Recueillons cependant le témoignage du *Temps* (mercredi 27 mars 1912) au sujet de la Grèce : « Les partisans de M. Venizelos lui font honneur de l'amélioration, incontestable, semble-t-il, qui s'est produite dans les diverses branches de l'administration. Le statut des fonctionnaires, la *décentralisation*, la réorganisation de la justice et de la gendarmerie, la réforme militaire, à laquelle les officiers français ont prêté un concours unanimement apprécié, constituent un ensemble de progrès auxquels l'opinion n'est pas restée insensible. »
Dans l'Introduction de l'*Essai sur le gouvernement local en Angleterre* d'Edward Jenks, on lit (p. 6) : « Peu de gens

Et elle l'a fait dans quelles conditions supérieurement significatives ! Maura n'avait pas attendu que les partis eussent désarmé, pour proposer aux Cortès la loi d'administration locale. La Prusse était sous la botte de

oseraient soutenir qu'il y a plus de vraie liberté dans la France républicaine qu'en Angleterre, pays monarchique. »
Et M. Berthélémy écrit à la première page de la préface qu'il a mise à ce livre : « Soumise à un gouvernement monarchique dans les conseils duquel l'aristocratie de naissance joue l'un des premiers rôles, l'Angleterre est aussi complètement libre qu'une nation peut désirer l'être. La France, qui, pour le devenir [non, elle l'était], a fait de si puissants efforts et de si cruels sacrifices, y a si médiocrement réussi que les Russes et les Turcs sont à peu près les seuls en Europe qui, sous ce rapport, aient quelque sujet de nous porter envie. »

M. Georges Renard écrit à a *Dépêche* de Toulouse, 17 mai 1914 : « Par une vieille tradition, qui remonte au moyen âge, les villes d'Italie, dont la plupart furent des républiques indépendantes, ont gardé pour la gestion de leurs affaires une liberté que les cités de France ont droit de leur *envier.* »

M. Paul Deschanel termine ainsi (p. 81) la première partie de son volume sur *la Décentralisation* : « Il fut un temps où, sous le second empire, les républicains demandaient *la liberté comme en Autriche*. Nous, sous la République, nous demanderons la liberté comme dans les monarchies constitutionnelles, la liberté comme en Belgique, la liberté comme en Italie. » Ces paroles sont de 1891, mais leur actualité est encore plus pressante aujourd'hui qu'à l'époque. Et cependant M. Deschanel est devenu une des puissances directrices de la République. Qu'a-t-il fait pendant ce quart de siècle ?

On consultera avec fruit le beau rapport présenté au 36ᵉ congrès des jurisconsultes catholiques par Mᵉ Robert de Boyer-Montégut sur les législations comparées de l'Europe

Napoléon lorsque Stein et Hardenberg lancèrent leurs ordonnances ¹.

Au lendemain de la bataille de Friedland, Napoléon exigea de la façon la plus impérieuse le départ de Hardenberg, refusant de négocier tant qu'il serait là. Nous ne reprochons point à M. Rouvier de n'avoir pas décentralisé au moment où, par un curieux retour des choses, cent ans plus tard, c'était Guillaume qui exigeait le départ de Delcassé. Mais l' « humiliation sans précédent » n'a été qu'une heure critique. Or, tous les gouvernements qui se sont succédé depuis trente ans ont toujours prié les régionalistes de « repasser ». Avec Gambetta, c'était « quand nous aurons repris l'Alsace-Lorraine » ; avec tels autres, « quand nous aurons écrasé le cléricalisme » ; avec *le Temps*, « quand nous aurons fait la R. P. » ; avec Clemenceau, « quand nous aurons créé un esprit public ».

au point de vue qui nous occupe, rapport paru en juin 1913 à la *Revue catholique des institutions et du droit*. Voir encore l'ouvrage, qui date un peu, de M. Henri de Ferron sur *les Institutions municipales et provinciales comparées*, Paris, 1884, et celui de M. Joseph Ferrand, *les Institutions administratives en France et à l'étranger*, Paris, 1879.

1. Voir page suivante.

1. La faculté de décentraliser, privilège des monarchies, est d'autant plus développée que les institutions monarchiques se présentent libres de compromis démocratiques. Là où le pouvoir monarchique est dominé par le pouvoir parlementaire, la faculté de décentraliser est nulle ; les choses se passent alors (provisoirement) comme en république. Exemple, la Turquie depuis la révolution de 1909 : « Nul n'ignore que le Comité Union et Progrès est l'adversaire irréductible de la décentralisation. Toute la politique de l'Union et Progrès, pendant tout le temps qu'il a gardé le pouvoir, a été caractérisée par une centralisation à outrance. Ce parti politique n'a guère varié sur ce point. Union et Progrès (ses chefs du moins) pensent toujours que la décentralisation, c'est l'affaiblissement, la déchéance, la mort... » (*Temps*, samedi 31 août 1912.) Mais là ou la Monarchie, même « constitutionnelle », même embarrassée de parlementarisme, recouvre sa liberté de mouvements, la faculté de décentraliser reparait et s'affirme. Exemple, l'Espagne de 1913-1914. C'est au moment où les feuilles libérales et révolutionnaires de là-bas et d'ici s'élevaient contre les « empiétements de sa politique personnelle », qu'Alphonse XIII, d'un mot, par décret, a doté ses peuples de la *mancommunidad*. Cette double constatation est la contre-épreuve des constatations faites tout à l'heure en Suisse et aux États-Unis. Le lecteur a sous les yeux les éléments d'un tableau complet d'expérimentation : présence, absence, variations.

VII

NOTRE SYSTÈME : LES RÉPUBLIQUES[1]

---

[1]. Cf. aux Appendices, p. 249.

*
* *

Cependant — j'ai hâte de le dire — il est des points sur lesquels, étant donnée la tournure des choses, on est autorisé à avancer des précisions sans trop craindre de les voir démenties par l'avenir.

Comme le reconnaissait, à la tribune, le citoyen Molle, c'est la commune qui est la « cellule »[1] de l'organisme national, — agrégat naturel de foyers et de métiers, de familles et de corps d'états. La commune servira de base à notre organisation territoriale.

Au-dessus de la commune, le *pays*, très souvent représenté aujourd'hui par l'arrondissement. Certains esprits voient essentiellement une circonscription intermédiaire, le

---

1. « La commune est la véritable famille politique. C'est avec la constitution de la commune ou son affranchissement qu'a commencé en France la forme régulière et même déterminée de la constitution de l'Etat. La commune est dans le système politique ce que le franc est dans notre système monétaire, l'unité première et génératrice, l'unité indivisible. » (Bonald.) Le marquis de la Tour du Pin pose dans ses *Aphorismes de politique sociale* : « La province seule est l'unité politique, comme la commune l'unité administrative, et la famille l'unité sociale. »

canton[1]. Mais à tort, croyons-nous. Les cantons ont été créés à une époque où les moyens de communication n'étaient pas très avancés. Il fallait que l'administré, justiciable et contribuable, pût se rendre au chef-lieu et revenir, ses affaires faites, dans une journée ; soit un maximum de quinze à dix-huit kilomètres dans chaque sens. Or, le progrès matériel a apporté de grandes modifications de ce côté-là : avec sa bicyclette, un facteur a terminé sa tournée à dix et onze heures. De nouveaux progrès augmenteront encore les facilités des divers services cantonaux. Il semble donc que le canton, création administrative, création le plus souvent artificielle, soit destiné à disparaître, ou du moins à voir ses attributions se répartir de jour en jour

---

1. Cf. en particulier le rapport présenté le 6 décembre 1902 par M. Emile Morlot, député de la Nièvre, au nom de la commission de décentralisation. Le plan Morlot supprime 211 arrondissements. Voir *contra* : le rapport Lallemand, p. 20-21 ; le chapitre des *Pays de France* de P. Foncin intitulé *les Cantons, divisions factices*, et Paul Deschanel, *la Décentralisation*, p. 35 : « Les communes d'un même canton, dit-il, n'ont pas toujours les mêmes affinités, les mêmes intérêts, et, réciproquement, des communes de cantons... différents peuvent avoir des intérêts communs. » Cependant, M. Deschanel incline à l'extension des services cantonaux.

entre la commune au-dessous de lui et la sous-préfecture au-dessus. Prenons un exemple : Pourquoi dix, douze ou même quinze percepteurs pour quarante, soixante, quatre-vingt mille âmes ? Deux ou trois, résidant à la sous-préfecture et se transportant à jour fixe, de préférence le jour du marché, dans telle commune bien placée, chef-lieu de canton ou non, ne suffiraient-ils pas, surtout avec un budget d'État considérablement réduit[1] ? Les bureaux de poste se multiplient avec rapidité, bientôt la moitié des communes rurales auront le leur ; pourquoi ne pas attribuer à la poste une part des services des percepteurs : payement des coupons de rente, des mandats de payement, indemnités, subventions, etc. ? Que d'économies d'une part ! d'autre part, que de commodités !

La question de la commune rurale est extrêmement complexe et délicate. Très souvent simple paroisse plutôt que commune[2],

---

1. « L'armée administrative coûte autant que les armées de terre et de mer, alors que l'administration ne devrait rien coûter ou presque rien, avec un bon régime provincial et municipal. » (*Des maux produits par la centralisation*, brochure signée « Un propriétaire de province ».)

2. On rencontre fréquemment, en Bretagne et en quelques autres contrées, des communes rurales de 7.000, 8.000,

elle n'a pas les ressources pour vivre de sa
seule vie, et le secours de la communauté
cantonale, dit-on, est alors indispensable.
Rien ne prouve qu'il ne faille pas adopter, en

et 10.000 âmes très peu agglomérées, disséminées sur un
vaste territoire de 7.000, 8.000, et 10.000 hectares. Mais la
moitié de nos 36.000 communes ont une population infé-
rieure à 500 habitants. On en cite un grand nombre dont
la population varie entre deux et trois douzaines. *Le Matin*
du jeudi 26 février 1914 signale Blanchefontaine, canton de
Maîche, près de Montbéliard, qui compte quatorze habitants, dont un seul électeur inscrit. « On ferait cinquante
communes champenoises bien peuplées avec un district
comme la commune de Crozon », écrit M. Ardouin-Duma-
zet dans son *Voyage en France*, 51ᵉ série, Bretagne 4ᵉ partie,
p. 339. La petite commune de Blanchefontaine, remarque *le
Matin*, « doit, pour pouvoir former son conseil municipal,
emprunter 9 électeurs aux communes voisines, puisque l'assemblée municipale doit être composée de dix conseillers
au moins ». A quelles extravagances conduit notre législation uniforme ! Deschanel, p. 30-31 : « La plupart des
autres peuples ont une législation distincte pour les communes urbaines et pour les communes rurales ; nous, au
contraire, nous trouvons rationnel d'administrer un village
de 100 habitants selon les mêmes règles et par les mêmes
organes qu'une populeuse et riche cité. Tout est tiré au
cordeau. Cette soi-disant égalité entre toutes les communes
n'est qu'un trompe-l'œil, bien conforme assurément à notre
manie de symétrie absolue et de logique pure, mais tout à
fait contraire à la nature des choses ! » Naturellement, ce
« trompe-l'œil » se retrouve à chaque rouage de la machine
administrative. M. de la Tour du Pin, dans *l'Action française* du 15 septembre 1906, dénonçait « l'anomalie énorme
d'un même calibre d'appareil administratif, appliqué à des
départements de quelque 100.000 âmes, comme ceux des
Alpes et des Cévennes, et à d'autres qui approchent d'un
million d'âmes, comme certains départements maritimes,
sans parler de celui du Nord, qui atteint 2 millions ».

ce cas, une assiette beaucoup plus étendue que celle du canton.

D'autres expédients peuvent garantir les conditions de la vie des petites communes : au lieu d'être enfermées à jamais dans un cadre rigide, uniforme pour tous les modes de la vie, ces communes ne pourraient-elles pas se grouper, selon leurs affinités éprouvées et nettement définies, pour des objets aussi variés que les circonstances les font naître : telle portion viticole d'un canton avec telle portion viticole d'un canton voisin ? — On objecte que, sous le régime actuel, elles n'usent pas du droit de se syndiquer que leur reconnaît la loi : c'est que la centralisation administrative les a endormies dans le « moule » cantonal. On verrait bien, si un régime de libertés desserrait le carcan [1] ! L'entrain, l'ingéniosité, le sens de l'effort collectif se substitueraient vite à la passivité d'aujourd'hui [2]. L'initiative est un don français.

1. Voir Deschanel, *la Décentralisation*, p. 36-39, en particulier l'argument tiré de l'instabilité du syndicat intercommunal.

2. M. Deschanel constate (p. 41) que la loi du 27 mars 1890 « compte » « sur l'esp it d'initiative des communes sans les placer dans des conditions qui leur permettent d'acquérir cet esprit ». Mais comment pourrait-elle les y

Ainsi des arrondissements. Chaque année, un député réclame leur suppression, et d'excellents conservateurs s'empressent d'applaudir. Si l'arrondissement ne « sert à rien », qu'on augmente ses attributions[1], car, au même titre que la commune, il représente une réalité. Il n'est pas une simple création de l'homme, comme le canton, nécessitée par des besoins d'un temps. Généralement, il est l'héritier d'une chose très antique et qui subsiste sous ses traits appauvris, le *pays*. Le *pays* a une existence naturelle : géographique, économique, etc., et d'abord historique. Un fonctionnaire républicain, M. Foncin, qui est une autorité en matière de géographie et qui s'est appuyé lui-même sur des spécialistes tels que M. Longnon, M. Foncin a mis cette vérité[2] parfaitement en évidence. Il montre

placer ? « De fait, dit-il ailleurs (p. 8), la plupart des communes sont administrées par les bureaux des préfectures et des sous-préfectures. » Ce « fait » est dans la nature du mécanisme démocratique.

1. Voir : *la Question des sous-préfets*, par Gaston de Mesmay, Berger-Levrault et Cⁱᵉ, 1907 ; le *Rôle social du sous-préfet dans une démocratie*, par Eugène Arnaud, Berger-Levrault et Cⁱᵉ, 1907, et notre Chronique fédéraliste, *la Suppression des sous-préfets*, dans la *Revue critique des Idées et des Livres* du 25 août 1913.

2. Il faut le reconnaître, la thèse contraire a été souvent soutenue. Au congrès de la Vie provinciale, en 1904, M. Les-

qu'aux temps gallo-romains le sol de notre patrie se divisait en trois centaines de *pagi minores* ; qu'aux temps féodaux, il y avait « environ 300 circonscriptions populaires, d'un caractère surtout rural, intermédiaires entre les 40 grands fiefs et les 10.000 petits domaines seigneuriaux » ; qu'à la fin de l'Ancien Régime, les provinces se subdivisaient en 350 *pays*. Or, ajoute M. Foncin, quel est le nombre de nos arrondissements ? Le même, à quelques unités près : 362. Quand on prend à part chacun de ces arrondissements, on voit que, dans la majorité des cas, il cadre assez bien avec un ancien *pays*, qui lui-même reproduisait à peu près l'ancienne division féodale et, plus loin encore dans le temps, un *pagus*[1]. Donc, dans leur ensemble, les arron-

cœur présenta un rapport s'efforçant de prouver que l'arrondissement était à détruire. Dans la discussion qui suivit, MM. Henri Joly, Lescœur, Charles-Brun (et celui-ci, par je ne sais quel artifice de son éloquence facile, se couvrit même de l'autorité de M. Foncin !).

1. Le 21 juillet 1912, au moment où se poursuivaient devant la Chambre les débats sur la région électorale, M. Fernand Caussy écrivait au *Matin* : « Dans les débats sur la réforme électorale, il ne m'appartient pas de prendre parti ; ils n'intéressent du reste que les députés et les candidats députés. Mais j'avoue ne pas bien voir son avenir. Il est plaisant de nommer l'arrondissement *mare stagnante*, de

dissements désignent quelque chose de vivant ou qui l'a été et pourrait le redevenir. En retouchant avec soin et discrétion le travail de la Constituante, qui tailla trop souvent dans le vif au lieu de se donner la peine de suivre les contours, en tenant aussi compte des modifications définitives que le siècle écoulé a pu apporter de-ci de-là, on obtiendrait des formations naturelles, capables « de servir d'organes à un régime de liberté vraie et d'autonomie vivante » (Foncin).

Au-dessus de la commune, le pays ; au-dessus du pays, la province ou région. Et le département ? Artificiel et inutile, il irait en s'effaçant. De même que les dépouilles du canton enrichiraient la commune et le *pays*, celles du département se répartiraient entre le *pays* et la province, celle-ci retenant les attributions d'ordre régional, celui-là les attributions d'ordre local et particulier. L'opération comporte évidemment de grosses dif-

---

travailler à sa fin prochaine. Mais d'un côté je ne vois que des hommes de talent ; de l'autre, je vois les bailliages de Philippe le Bel, les baronnies de saint Louis, et au fond des âges, les petits *pagi* de notre Gaule, que Jules César a dénombrés. »

ficultés[1] : la substitution des départements aux provinces n'en opposait-elle pas de plus grandes encore ? Il s'agit de faciliter la dissolution du factice et de l'antiphysique pour recréer le naturel.

Le Gaulois écrivait l'autre jour, à ce sujet : « Chassez le naturel, il revient au galop ; le naturel était notre vieille division [2] en provinces. Il ne sera revenu qu'au petit trot, mais il sera revenu tout de même. »

Combien y aurait-il de provinces, — de régions ? M. Foncin parle d' « une trentaine »[3].

---

1. Et la suppression des arrondissements donc ! Charles Maurras a bien montré l'incalculable difficulté pratique qu'elle rencontrerait. Cf. appendice II. En supprimant, d'une part, les départements, et d'autre part les arrondissements, le projet Beauquier accumule les difficultés : cf. appendice III.
2. Mot impropre, véritable contresens. Seuls peuvent se permettre de l'employer les juifs et enjuivés du *Gaulois*, avec les partisans de la République « une et (ô ironie ! ô logique ! ô aveu !), une et in-di-vi-si-ble » ! La France ne se *divise* pas en provinces, elle se *compose* de provinces. Laissons donc ennemis et faux amis parler de « notre vieille division en provinces » et disons, nous, « notre vieille formation en provinces ». C'est le terme usité dans l'armée. Cf. la remarque du Vte de Romanet citée plus loin, p. 218.
3. *Revue provinciale*, 1er mai 1903, p. 140.

Je rappelle que le projet Raudot en prévoyait 24, Auguste Comte 17, Hovelacque 18 ; Mazel[1] en dessine 7, la Tour du Pin 16[2], Beauquier 25, Henry Bérenger 36, Paul Leroy-Beaulieu environ 36[3], Cayla[4] 38 ou 39[5]... Mais, si je me suis bien expliqué tout à l'heure, on doit entendre que ces projets ne peuvent être considérés en effet que comme des « projets », c'est-à-dire des approximations, des bases de controverse.

---

1. Cf. *Coopération des idées*, 1ᵉʳ août 1903, et *le Parthénon*, 20 février 1914.
2. Cf. *Action française* du 15 septembre 1906 : « On arrive ainsi à déterminer *une quinzaine de groupes, qui, avec le gouvernement de Paris,* comprendraient toute la population de la France, à raison moyenne de 2.500.000 âmes par gouvernement. »
3. Cf. *Économiste français*.
4. *Revue politique et parlementaire*, t. X, p. 373.
5. Jules d'Auriac : « Autour des cités autonomes *se développerait la province* qui procède, comme la cité, d'un groupement tout naturel, et *dont on pourrait reconstituer le territoire tel à peu près qu'il était en 1789.* » (P. 140.) De même Louis Veuillot, dans *Paris pendant les deux sièges* : « Les bases politiques [de la constitution] seront... la division du territoire en grandes agglomérations territoriales correspondant aux anciennes provinces. »

Il faut s'en remettre aux savants compétents — géographes, économistes, historiens, etc. — du soin de fixer les limites des provinces et des pays conformément à *ce qui est*. Que les interminables débats relatifs à la délimitation du Bordelais et de la Champagne sont instructifs à cet égard !

*
* *

Nous disons : conformément à *ce qui est*. Par là nous enveloppons *tous* les éléments plastiques dont se composent le « pays » et la province ou région. Chaque fois que Briand s'est exprimé sur la réforme administrative, il s'en est tenu à des considérations d'ordre économique[1]. De même, à peu près, M. Vidal de la Blache : « Nous croyons, dit-il, que

1. *Journal officiel* du 29 octobre 1909 : « Oui, messieurs, le moment n'est pas éloigné où il faudra donner à ce pays un peu de jeunesse administrative, où il sera nécessaire de *constituer des groupements nouveaux par affinités d'intérêts économiques.* »

la réforme ne sera féconde que si elle prend pour base l'observation des réalités vivantes, *que si elle se moule sur les phénomènes économiques qui en justifient l'urgence*[1]. » Comme si les phénomènes économiques étaient seuls à « justifier l'urgence » de la réforme administrative ! comme s'ils étaient les seules « réalités vivantes » ! Les réalités de l'histoire et toutes les réalités morales ne le sontelles pas autant ?... D'autres régionalistes cherchent avant tout à constituer ce qu'ils appellent des « régions naturelles », entendez telles que nous les présente la géographie, et plus particulièrement la géologie.

Mais qui ne voit que ces théories, également justes en ce qu'elles affirment, sont également fausses par ce qu'elles excluent, aussi fausses que celle qui se limiterait au terrain historique ? Il ne s'agit pas plus de nier le passé que de le recommencer; il ne s'agit pas plus de se soumettre servilement à la nature

---

1. *Les Divisions régionales de la France*, p. 3. Dans ce livre, comme dans une étude précédente sur *les Régions françaises* à la *Revue de Paris* du 16 décembre 1910, M. Vidal de la Blache édifie toute une division nouvelle sur le principe à peu près exclusif de l'attraction des grands centres.

physique que de prétendre la plier aux fantaisies de l'esprit logique. M. Foncin fait à ce sujet une distinction précieuse : « Ne perdons pas de vue, dit-il, que notre but précis en ce moment est de rechercher non pas tant des régions naturelles pures que des provinces ou régions administratives *qui soient naturelles*, ce qui n'est pas la même chose¹ ! » Aussi M. de la Tour du Pin parle-t-il, lui, d'une « organisation territoriale *rationnelle* »². Il est rationnel que l'organisation territoriale tienne compte des données de la géographie, mais il est rationnel qu'elle tienne compte des données économiques, historiques, etc. On parle quelquefois de « régions homogènes ». C'est une hérésie fort dangereuse. Même sous un bon régime politique, je craindrais fort pour la solidité d'une France en mosaïque. Mais une France dont toutes les composantes sont synthétiques (non pas simples) et, par ailleurs, liées les unes aux autres, enlacées, enchevêtrées les unes dans les autres, tissées les unes avec les autres, cette France possède une unité indestruc-

---

1. *Les Pays de France*, p. 39.
2. *Action française* du 15 septembre 1906, p. 449.

tible. Le régionalisme doit fournir satisfaction à tous les facteurs en présence [1].

Et quand ces facteurs se contredisent? C'est ce qui fait la difficulté du problème. Il n'est pas insoluble, à condition de le traiter avec délicatesse, précision et discernement. Les facteurs historique, géographique, économique, etc., ne sauraient être envisagés en eux-mêmes et sous l'angle de l'absolu, mais par rapport à la réalité changeante. Ils n'ont pas dans tous les cas la même valeur. Telle région est restée identiquement la même au cours des âges [2], et telle autre, ballottée au gré de l'histoire, a subi d'incessantes transformations : il est clair que dans le premier cas le facteur historique est considérable et qu'il l'est beaucoup moins dans le second. Telle région annonce de grandes modifications prochaines à la suite du percement d'un tunnel ou de l'établissement d'un canal, par exemple ; telle autre est connue pour recéler de

---

[1]. « La région future idéale sera celle qui conciliera le maximum d'intérêts et de facteurs. » (Charles-Brun.)

[2]. « La Dordogne, écrit Camille Jullian, représente fidèlement le Périgord, celui-ci les *Petracorii*. Il y a là le plus complet exemple de perpétuité géographique que je connaisse, je ne dis pas en Gaule, mais en Occident. » (*Revue des études anciennes*, 1908, p. 272.)

riches gisements qui fourniront une exploitation indéfinie : dans ces deux cas, les facteurs économique et géographique devront évidemment plus influer que lorsque la configuration et la nature des sol et sous-sol n'offrent que des indices médiocres pour l'avenir de ces régions. L'avenir est la considération primordiale [1]. Le cadre de la province n'est pas établi pour un jour, mais, en principe, pour toujours. Il faut qu'il soit une conciliation non pas des apparences, mais des réalités profondes, non pas des faits passagers, mais des faits appelés à demeurer. C'est pourquoi — qu'on ne s'y trompe point ! — huit fois sur dix, de tous les éléments en présence, celui sur lequel il importe de s'appuyer essentiellement, c'est le passé, le passé qui a traversé tant de conjonctures, qui s'est adapté à tant de situations différentes, qui, par conséquent, renferme tant de possibilités, tant d'avenir !

Mais on utilisera d'autant mieux les indications du passé qu'on l'aura mieux compris.

---

1. « Se conformer moins encore aux legs du passé qu'aux aspirations de l'avenir. » (La Tour du Pin, *Action française* 15 septembre 1906, p. 439.)

Ici une observation du vicomte de Romanet nous paraît nécessaire :

> Les provinces de la France n'ont pas été délimitées par un gouvernement quelconque prenant un tout et le divisant en parties, mais ce sont des groupements antérieurs et spontanés, existant distinctement l'un de l'autre, et réunis successivement par nos rois autour du domaine primitif de Hugues Capet. Une province est donc le contraire d'une division administrative comme origine et comme formation ; elle l'est également comme fonction[1].

D'autre part, il est manifeste que, pour parler avec M. Angot des Rotours, *les départements n'ont pas détruit les provinces*. Celles-ci subsistent, vivantes et réagissantes, sous le régime d'écartèlement que la Révolution leur infligea, mais dont le XIX° siècle a été impuissant à consommer les effets. Il s'agit d'abord de les retrouver. Leurs limites, quoi qu'on[2] en ait dit, sont, les unes connues,

---

1. *Les Délimitations régionales*, à *l'Action française*, 27 août 1912.
2. Brette, Bloch, Aulard. Pour la réfutation, cf. Romanet, Croy, E. Fougeron *(la Condition juridique de l'Orléanais)*, Berlet, etc.

les autres faciles à dégager. Voilà un grand point !

Dans quelle mesure les transformations [1] économiques qui se sont produites depuis 1789 contredisent-elles ces limites ? C'est ici qu'entre en jeu la théorie de l'attraction des grands centres (lesquels, au surplus, ne doivent pas être considérés du seul point de vue marxiste ; l'attrait des traditions, des moyens intellectuels, artistiques, etc., est une force, lui aussi !). Cet élément nouveau, très important, est à combiner avec l'élément historique dans un délicat travail d'approximation et d'empirisme : recherches, tâtonnements, sans oublier le facteur *temps*. Ce qu'il faut bien se dire, en effet (nous avons touché ce point plus haut), c'est que les réactifs employés n'agiront pas de même sur toutes les provinces, leur être et leurs contours n'*apparaîtront* pas partout avec la même rapidité, elles ne seront pas toutes en même temps mûres pour une organisation autonome.

1. Dans *les Divisions régionales de la France*, J. Letaconnoux, *la Transformation des moyens de transport* ; F. Maurette, *les Agglomérations urbaines* ; P. de Rousiers, *le Développement et la Transformation des ports de mer et des transports maritimes*.

※

Mais encore, dans ce travail d'empirisme organisateur, comment procéder ? Je ne saurais mieux faire que de reproduire le passage central d'un rapport présenté par René de Marans au congrès de la Fédération régionaliste tenu à Toulouse le 25 mai 1901. Marans exposait[1] quelle était à son sens la méthode à suivre :

Il résulte de l'étude de l'histoire et de la science juridique, disait-il, qu'un groupe d'hommes ne prend conscience de son unité que lorsqu'il existe au-dessus de lui un organe émettant des vœux en son nom ou prenant des décisions dans son intérêt. Ce qu'il y avait de commun dans les consciences individuelles est précisé par cet organe. Ainsi s'est formé l'État, ainsi se forment toutes les associations.

Il faut donc créer dans la région un organe qui émette des vœux en son nom, un organe centralisateur des besoins, des intérêts, des vœux.

Cet organe ne peut être un comité improvisé, composé de gens quelconques, car il ne pourrait

---

1. Le rapport a été publié dans l'*Action régionaliste* du 15 avril 1903.

connaître les intérêts de la région, du moins d'une façon satisfaisante. Il faut qu'il sorte de la région elle-même, qu'il en soit un produit. Or il n'en peut sortir par le procédé de l'élection, car la masse est indifférente, cette élection est impossible et ne reposerait sur rien. De plus, l'élection est un simple procédé secondaire, que l'on ne doit employer que s'il n'existe pas des forces et des autorités antérieures.

Mais il existe dans tout pays un certain nombre de groupes constitués : sociétés intellectuelles, savantes ou littéraires, groupements économiques ou professionnels, syndicats patronaux, ouvriers ou agricoles, caisses rurales, coopératives, chambres de commerce, etc.

L'ensemble de ces groupes représente toutes les forces vives de la région : pourquoi ne pas les faire servir à la constitution de l'organe régional? Chaque année, les présidents ou délégués de chacun de ces groupes se réuniraient dans une ville de la région, autant que possible dans la ville principale, discuteraient ensemble les aspirations morales et intellectuelles, les aspirations professionnelles et économiques, rédigeraient leurs vœux et les transmettraient aux pouvoirs publics.

Les limites de la région se détermineront peu à peu et par tâtonnements. Le comité d'initiative convoquera les délégués de groupes de plusieurs départements. A la réunion, on s'apercevra que l'un de ces départements *ou quelque fraction de l'un d'entre eux* n'a pas d'intérêts communs avec les autres. On ne le convoquera plus et il ira graviter dans la région voisine. Par contre, si on s'aperçoit qu'un certain territoire dont on n'avait pas convoqué les groupes a des intérêts et des besoins analogues à ceux de la région, on fera l'expérience de le convoquer. Ainsi, après des tâtonnements secondés par l'étude et répétés pendant plusieurs années, on sera parvenu à tirer les limites de la région.

Marans notait que ce travail spontané demandait à être aidé par l'État. Celui-ci ne doit pas se borner à intervenir, à la fin, pour « officialiser » les résultats acquis ; il lui appartient, en outre, quelquefois d'éveiller les initiatives, toujours de montrer à leur égard une attitude sympathique, souvent, aussi, active et régulatrice.

Marans notait encore que la méthode indiquée par lui avait l'« avantage d'appuyer l'un sur l'autre le mouvement décentralisateur et le mouvement de renaissance corporative ». Avantage infiniment important[1], dont le bénéfice devra être continué après l'établissement

---

1. « De sa nature, le lien moral et professionnel est cosmopolite... L'ingéniosité du fédéralisme, chez M. de la Tour du Pin ou chez M. Barrès, consiste à unir les deux ordres de groupements, le territorial et le moral, dans une

des régions provinciales. Car, celles-ci une fois obtenues, L'ŒUVRE DE NOTRE RÉFECTION NATIONALE NE SERA POINT ACHEVÉE. A VRAI DIRE, C'EST ALORS QU'ELLE COMMENCERA. Sur ces bases, sur ces assiettes et dans ces cadres, restera à organiser la vie intérieure de la cité selon les principes de l'autonomie administrative et selon les principes antiparlementaires des vrais gouvernements représentatifs que le marquis de la Tour du Pin a définis en une formule saisissante : *Le Prince en ses conseils, le Peuple en ses États.*

***

Présentement, les Français sont des « administrés » ; ils redeviendront des citoyens possédant la libre administration de leurs communes et de leurs provinces, de leurs professions et de leurs associations de toutes sortes.

---

forte et complexe organisation communale, provinciale, nationale. » (Charles Maurras, *Idée de la décentralisation*, p. 37.)

¹, le gouvernement, conscient de son rôle, qui est d'être avant tout *un gouvernement*, laissera à tous les degrés, aux compétences familiales, professionnelles et locales l'administration de ce qui leur appartient en propre.

Dire cela, c'est évoquer le problème de *la Souveraineté et de la Représentation des intérêts*. Je n'ai pas à l'exposer ici en détail. Sous ce titre même, Jean Rivain a consacré à la question une brochure éditée par la Nouvelle Librairie nationale, et dès 1905 (1ᵉʳ août) et 1906 (15 septembre) le marquis de la Tour du Pin expliquait dans la revue de *l'Action Française*² comment peut se former la représentation professionnelle, quel en est le rôle, quelles en sont les limites³.

---

1. « Nous n'avons pas d'État, nous n'avons que des administrations. » (Anatole France.) —

2. [Il importe de rappeler que dans les deux articles cités au texte, M. de la Tour du Pin ne faisait que reprendre et résumer des principes exposés par lui depuis plus de trente ans sous des formes diverses.]

3. Voir aussi la forte brochure de M. Joseph Angot, *Vers le régionalisme intégral*, et, comme application à un cas

La représentation des droits et intérêts doit se faire d'abord au sein de la commune. Il y a cinquante ans que le comte de Chambord l'indiquait dans sa *Lettre aux ouvriers français*. C'était aussi la vue essentielle qui guidait Maura dans l'élaboration de son projet d'Administration locale. Si l'on n'introduit pas la représentation corporative, au départ[1], dans la commune, comment la retrouver à l'arrivée dans les corps chargés de faire entendre les vœux et les doléances du pays ? La commune est un agrégat naturel de familles professionnelles ; c'est à la représentation de ces familles qu'il s'agit de livrer l'administration des communes. Les pays sont un agrégat naturel des communes ; c'est à la représentation domestique et professionnelle de ces communes qu'il s'agit de livrer l'administration des arrondissements ou *pays*. Les provinces sont des agrégats naturels de *pays* ; c'est à la représentation locale de ces

---

concret, les deux ouvrages du comte de Lantivy : *la Question bretonne* et *Vers une Bretagne organisée* (Nouvelle Librairie nationale).

1. « Le gouvernement municipal est le point de départ d'une organisation décentralisée. » (G. Clemenceau, *Homme libre*, 16 août 1913.)

pays qu'il convient de livrer l'administration des provinces, sous le contrôle direct, sous la présidence du   , qui veillera par ailleurs au haut contrôle des administrations locales et communales¹.

1. [Les solutions les plus diverses peuvent être envisagées et beaucoup peuvent être excellentes. Aussi ce qu'il faut, ce n'est pas tant de préciser des détails — cela sera l'œuvre des législateurs ou plutôt des conditions qui s'offriront à eux — que de se tenir au principe, comme le faisait d'ailleurs Cellerier. A tous les degrés c'est l'unité préexistante, l'unité du degré antérieur qu'il faut considérer. Tenir compte d'un individu directement devrait être un fait des plus rares, qui offrirait la rareté et le caractère exceptionnel d'un *acte de gouvernement*, ou si l'on préfère d'*un fait du Prince*. Les expressions dont je me sers ici sont assez détournées du sens précis et particulier qu'elles possèdent dans notre droit administratif, mais elles font bien comprendre, je crois, ce que je veux dire.

En ce qui concerne la commune il faut remarquer que la situation n'est pas la même pour les communes rurales et pour les urbaines. La commune urbaine est un composé — au moins en règle générale — de professions différentes et on peut tenir compte de ces différences pour la formation de son corps municipal. La commune rurale, au contraire, est elle-même une corporation ; elle est l'ensemble des familles se livrant à la profession agricole sur un territoire donné, ou mieux dans un certain rayon autour de tel clocher. Les familles qui paraissent faire exception (familles adonnées à des petits métiers : forge du maréchal ferrant, épicerie, etc.) appartiennent cependant aussi à la profession agricole par quelque côté, car elles cultivent toujours plus ou moins, et d'ailleurs elles sont chargées de services auxiliaires sans lesquels la commune rurale ne saurait subsister.

Pour les lecteurs qui s'intéresseraient aux rapports entre la profession organisée et l'unité territoriale dans les campagnes, je renvoie aux pourparlers et aux discussions entre l'*Union des caisses rurales* et l'*Union des syndicats agricoles* (voir les bulletins de ces associations). L'uniformité du régime municipal pour les villes et les campagnes est peut-être l'une des grandes absurdités de notre système actuel qui en contient tant. Rien de sérieux ne peut être fait au point de vue communal si l'on n'établit pas un statut différent pour les villes et les campagnes. Non pas deux statuts, certes, mais plusieurs! Ainsi l'ont compris les autres peuples, dans la mesure variable où ils ont échappé à l'effet des principes démocratiques.]

VIII

leur commun protecteur, bienfaiteur et Père.

FIN

APPENDICES

APPENDICE I

LE RÉGIONALISME ET LES ÉLECTEURS
(Page 123, en note.)

Aux élections sénatoriales de 1907, un sénateur sortant, M. Louis Gotteron, s'est représenté devant ses électeurs avec le programme le plus régionaliste peut-être qui ait jamais été soumis à un collège électoral. Ce programme portait notamment :

Décentralisation administrative tendant à l'établissement d'une république fédérale, au lieu du système de centralisation à outrance créé par la constitution de l'an VIII, toujours en vigueur depuis plus d'un siècle.

En conséquence :

Division de la France en dix-huit régions administratives suivant les limites des corps d'armée actuels et suppression de la division en départements ;

Création de dix-huit emplois de gouverneurs régionaux en remplacement des préfets actuels ;

Création de dix-huit tribunaux administratifs en remplacement des conseils de préfecture ;

Création de dix-huit assemblées régionales remplaçant les conseils généraux, mais élues sur les mêmes bases, avec augmentation de leurs attributions ;

Maintien des arrondissements et des conseils d'arrondissement actuels, mais avec attribution d'un budget particulier à l'arrondissement ;

Les sous-préfets, devenus sous-gouverneurs, verraient étendre leurs fonctions et remplaceraient les gouverneurs dans les opérations des conseils de revision ;

Réduction des cours d'appel au nombre de dix-huit, une par région ;

Maintien des tribunaux d'arrondissement et augmentation de leur compétence pour juger en dernier ressort.

M. Gotteron, qui avait siégé à la Chambre durant trois législatures, qui avait été constamment réélu à d'énormes majorités ou même sans concurrent, qui, au Sénat comme à la Chambre, s'était créé, par son travail et sa compétence reconnue, une situation très importante, dont le républicanisme enfin n'aurait pu être mis en doute par personne, M. Gotteron n'a pas été réélu. « Il serait certainement superflu d'expliquer, écrit Plantadis, que son échec est dû à la hardiesse de ses conceptions régionalistes. »

Mais aussi qu'allait-il se lancer dans cette politique transcendante ? Le fonctionnement normal du mécanisme électif consiste purement et simplement à faire participer l'électeur, dans des conditions réglées, au pillage du capital social. Parlez à l'électeur petits profits : places, décorations, subventions, etc. Sinon il vous prendra pour un naïf ou pour un homme dangereux et vous tournera le dos[1]. Nous en sommes bien fâchés, mais l'engrenage démocratique est tel. Il faut le subir ou renoncer à la démocratie.

Certaines situations sont, de ce fait, bien curieuses. Celle de M. Beauquier, par exemple. M. Beauquier est un décentralisateur fervent. Entendez qu'il est animé à l'égard de la décentralisation des meilleures intentions du monde. Il ne cesse de la défendre, par la parole et par la plume. Le fâcheux est qu'il n'est décentralisateur qu'en paroles ou sur le papier. Au Parlement, où il siège depuis 1880 comme député

---

[1]. Clemenceau, dans *l'Homme libre* déjà cité du 16 août 1913, attribue l'échec des divers projets de décentralisation à ce que « le corps électoral — pour quelque raison que ce soit — n'a pas été à la hauteur de ses devoirs. D'ailleurs, ajoute-t-il, il faut bien dire que l'opinion publique paraît s'en désintéresser. Si je retiens le fait, c'est que, sur ce point, je trouve le réformateur gouvernemental en avance sur la moyenne des électeurs. » Preuve, répondrons-nous, que, pour décentraliser, il faut un pouvoir indépendant de l'élection, un pouvoir capable d'influencer l'électeur et même de lui faire une douce violence. Taine a dit à peu près : « Un peuple consulté peut à la rigueur dire » ce « qui lui plaît, mais non » ce « dont il a besoin. »

de Besançon, ses votes se sont toujours confondus avec ceux des pires centralisateurs. C'est peut-être la mort dans l'âme que ce président d'honneur de la Fédération régionaliste française s'associe à toutes les mesures jacobines de la majorité ; il s'y associe, voilà le fait. M. Beauquier est un vivant argument contre sa propre doctrine.

APPENDICE II

SPIRITISME POLITIQUE
ET RÉORGANISATION FRANÇAISE

(Page 154.)

Au temps où je menais l'*Enquête périgourdine sur la Monarchie* (1907-1908), le citoyen Faure, secrétaire de la Fédération socialiste de la Dordogne, m'écrivit au milieu de choses extrêmement intéressantes d'ailleurs :

> Que faire ? Des hommes — dont vous êtes, monsieur — nous convient à regarder bien loin derrière nous, à regretter le bon vieux temps où les Capétiens, les Valois, les Bourbons faisaient le bonheur de la France. « Si on recommençait ? » concluent-ils. Mais recommencer quoi ? J'imagine qu'avec le roi, vous n'avez pas la prétention de faire revivre les artisans du passé, la propriété corporative et toutes les formes surannées de travail et de production. Étrange doctrine — *doctrine de cimetière* — que celle qui s'édifierait sur des cadavres, prêchant une *résurrection générale des trépassés*, soulevant la pierre de tous les tombeaux. — Ce royalisme-là ! mais ce

serait une sorte de spiritisme politique évoquant des fantômes et des ombres, peuplant l'imagination de visions *mortes*.

Que pense aujourd'hui Paul Faure de toute cette rhétorique ? Il sait, en tout cas, ce qu'en pense un de ses camarades en socialisme unifié. Or le citoyen Molle n'est pas seul de son espèce. On lisait dans *l'Humanité* du 27 octobre 1908 cette phrase d'Ernest Tarbouriech : « Sur ces bases, nous devrions en France établir une vingtaine de magasins de gros, correspondant aux anciennes grandes provinces. »
Enfin — pour passer dans le compartiment d'à côté — c'est bien M. Henry Bérenger qui conseillait naguère, dans *l'Action* (10 janvier 1909), d'inaugurer une « politique de prud'homie ».
Prud'hommes, corporations, provinces, nous serons bientôt tous d'accord pour vouloir refaire tout cela. Mais, le voulant, socialistes et radicaux finiront bien sans doute par en accepter, comme font les monarchistes, la condition nécessaire : le Roi !

Voir à ce sujet deux ouvrages parus chez Flammarion. Le premier, *les Anciennes Démocraties des Pays-Bas*, par Henri Pirenne, montre qu'un certain socialisme municipal est possible, mais dans quelles limites et à quelles conditions. Ces prétendues démocraties de la

Hollande, de la Belgique et du nord de la France (outre qu'elles étaient de simples villes, non des États) furent en réalité des républiques *aristocratiques* fortement caractérisées. Quant à *la Belgique moderne, terre d'expérience*, d'Henri Charriaut, cet ouvrage, qu'il faut lire après le précédent pour en goûter tout le fruit, nous fait assister à la solution actuelle de la question sociale en Belgique. Le socialisme belge est professionnel ; aux chimères anarchiques il préfère l'organisation et l'union des métiers. Il est en train de reconstituer véritablement les corporations, les gildes et les hanses du moyen âge. Citoyen Bérenger, citoyen Tarbouriech, citoyen Molle, et même vous, citoyen Faure : — les Belges ont un roi, nous n'en avons pas !

[Que cette petite phrase : *Les Belges ont un roi, nous n'en avons pas !* resplendit aujourd'hui, pleine du sens que lui ont donné l'histoire, la vertu d'une institution et la noblesse d'un homme mis à sa place par « le hasard de la naissance ».

Mais ce roi n'est qu'un président de république, auraient répondu, il y a un an, à Cellerier les nigauds ignorants de tout ce qu'avait su déjà faire dans la paix le roi Léopold. On a vu ce qui comptait vraiment dans une monarchie même alourdie d'une constitution et d'une déclaration des droits, le Parlement, la constitution ou le Roi ; ce qui représentait vraiment la patrie et en assurait la survie à l'heure des suprêmes calamités. Sens lumineux et douloureux pour nous, car si un grand roi a tant fait avec la petite Belgique, que n'eût pu faire un autre grand roi avec la grande France et tout son passé militaire, pour la France et pour la Belgique elle-même! La moralité de ceci est que la Vérité est la même en temps de paix et en temps de guerre.]

APPENDICE III

LA CENTRALISATION
DANS LA LÉGISLATION SUISSE

(Page 169.)

Je dois à l'obligeance de MM. Gonzague de Reynold, professeur à l'Université de Genève, et William Martin, l'auteur d'un beau livre sur *la Situation du Catholicisme à Genève* (1815-1907), de pouvoir donner ici un tableau des principales innovations centralisatrices de la législation suisse. Ce tableau est d'ailleurs loin d'être complet; il eût fallu dépouiller tout le recueil des lois fédérales, chaque nouvelle loi fédérale établissant en effet une centralisation :

(Les † indiquent des « revisions » proposées au peuple ; les * des « lois référendées », votées par les Chambres, puis acceptées ou rejetées par le peuple, par voie de referendum.)

1872. (12 mai) : premier projet de revision de la constitution de 1848, dans un sens nettement centralisateur. Repoussé par 260.859 voix contre 255.606.

1874. (19 avril) : constitution actuelle, inaugurant l'*ère des compromis*. Acceptée par 330.899 oui contre 198.013 non.
* 1875. Etat civil et mariage. Accepté par referendum.
* — Droit de vote politique, unifiant les conditions. Rejeté.
* 1876. Loi sur les billets de banque. Rej.
* 1877. Loi sur les fabriques. Acc.
* — Nouveau projet sur le droit de vote. Rej.
† 1880. Monopole des billets de banque. Rej.
† 1882. Protection des brevets.
* — Loi sur les épidémies.
* — Loi dite du « bailli scolaire », surveillance féd. sur l'instruction publ. Rej.
* 1884. Secrétariat du ministère de la Justice. Rej.
† 1885. Monopole de l'alcool. Acc. (Loi qui, mieux appliquée, aurait pu être excellente, car elle devait avoir pour but de refréner l'alcoolisme ; malheureusement, la Conf. a fait du monopole une ressource financière, une ferme, et pas autre chose.)
† 1887. Protection des inventions. Acc.
* — Monopole de l'alcool (loi référendée, faisant suite au principe de « revision » de 1885.) Acc.
* — Poursuites et faillites. Acc.
† 1890. Assurance accidents et maladies. Acc.
† 1891. Monopole des billets de banque. Acc.
† 1893. Abatage israélite (contre le mode juif d'abattre le bétail, très signif.) Accepté.
† 1894. Arts et métiers. Rej. (Va être repris et passera.)
† 1895. Monopole des allumettes. Rej.

† 1895. Unification militaire (supprimait les « ministères de la guerre des cantons », ce qui était un erreur au point de vue de la rapidité de la mobilisation). Rej.
* 1896. Loi sur les comptes des chemins de fer. Acc.
* 1897. Banque fédérale. Rej. (Accepté depuis.)
† 1897. Eaux et forêts de haute montagne (très bonne loi contre le déboisement). Acc.
† — Police des denrées alimentaires. Acc.
† 1898. Principe de l'unification du droit civil et pénal. Acc.
* — Rachat des chemins de fer. Acc.
* 1900. Assurances. Rej.
† 1902. Subvention aux écoles primaires. Acc.
* 1907. Loi militaire. Acc. (Magnifique manifestation d'un peuple qui veut, par plus de 100.000 voix de majorité, augmenter ses charges militaires. Cette loi ne supprime pas les directions cantonales comme celle de 1895, mais elle fédéralise toute l'artillerie, ce qui était nécessaire.)
† 1908. Interdiction de l'absinthe (excell. loi). Acc.
† — Principe de la fédéralisation des lois sur les arts et métiers. Acc.
† — Forces hydrauliques. Acc.

[Nous n'avions pas sous la main les moyens de reviser cette liste et de l'augmenter. Il peut donc s'y trouver quelques erreurs de détail qui s'y seraient glissées sur la première épreuve. Nous ferons remarquer que le peuple suisse s'est généralement montré conservateur, traditionnel et attaché à ses libertés cantonales. Ce sont les politiciens radicaux qui centralisent pour augmenter leurs pouvoirs et ils ont fatalement le dernier mot, car ils sont toujours là et reviennent toujours à la charge. Le peuple, au contraire, n'a point d'autre organe permanent que ces mêmes politiciens et il ne saurait en avoir, car les hommes qu'il choisirait pour cela ou seraient déjà des politiciens ou le deviendraient promptement.

L'effort des politiciens radicaux durant les derniers temps qui ont précédé la guerre paraissait devoir se porter principalement contre le régime municipal et le « droit de bourgeoisie ». Ce sont les bases mêmes de l'ancienne constitution helvétique qui seraient ainsi mises en péril.]

APPENDICE IV

LES RÉPUBLIQUES INTERMÉDIAIRES

> *Le mot république a un sens raisonnable : même après le rétablissement de la Monarchie, il pourra être conservé dans ce sens primitif qui désignait l'étendue des affaires communes. Le mot empire sera gardé de même, et dans le même sens, signifiant l'ensemble des territoires métropolitain et coloniaux soumis au Roi de France. En revanche, démocratie doit être rayé, banni et oublié, comme pur synonyme de dégénérescence, expression de la désorganisation et de l'émiettement, épave linguistique de ce que le régime de la République eut jadis de plus funeste. C'est la démocratie qui est l'élément anarchique de la République ; c'est la démocratie qui est l'élément pernicieux du socialisme.*
>
> Charles MAURRAS, *Action française*, 15 juin 1902, p. 1021-1022.

Si avec le premier empire, et avec le second, et entre les deux, et depuis le dernier, le mot *empire* a été employé dans le sens qui l'oppose à Royauté et à République, il n'a pas, cependant, cessé d'être pris dans l'autre sens, celui que vient de dire Maurras, « ensemble des territoires métropolitain et coloniaux soumis au Roi ». C'est en ce sens que l'on parle de l'empire britannique ; le constituant Thouret employait aussi le mot dans ce sens, au cours de son projet de division de la France en départements ; si l'on tient à remonter plus haut, on le trouvera jusque dans Fénelon et même dans Bossuet. Acceptation traditionnelle, par conséquent absolument légitime et parfaitement conservée d'ailleurs, bien que moins courante, surtout dans le langage vulgaire.

Il en va de même du mot *république*.

J'ai cité (p. 12) le mot de Sieyès réclamant la formation d'un comité chargé de présenter le plus tôt possible à l'Assemblée un plan de municipalités et de provinces, tel, disait-il, « qu'on pût espérer de ne pas voir le royaume se déchirer en une multitude de *petits États sous forme républicaine*, et qu'au contraire la France pût former un seul tout soumis uniformément dans toutes ses parties à une législation et à une administration uniques ».

J'ai cité également (p. 7) le mot de Royer-Collard, rapporté par M. Fagniez, sur cette « foule d'institutions domestiques et de magistratures indépendantes que la vieille société portait dans son sein », « *vraies républiques* dans la monarchie ».

Bonald a écrit : « J'aime assez, je l'avoue, dans un homme, le mélange de sentiments et d'*indé-*

pendance républicaine et de principes d'obéissance et de fidélité monarchique : c'est là, si l'on y prend garde, ce qui constituait l'esprit français, et ce qui fait l'homme fort dans une société forte. »

Dans un ouvrage intitulé *Lectoure ville libre* et publié en 1860, on lit, page 15 : « A chaque instant, nous rencontrons (dans les documents) cette expression bien significative : *la République de Lectoure.* » Et cinq pages avant, l'auteur, M. Georges Niel, archiviste du département du Gers, prend le mot à son compte : « Voilà le cadre qu'il aurait toujours fallu à *la petite république de la Lomagne* pour vivre heureuse à l'ombre de ses lois. »

M. Albert Rénouf, professeur au lycée impérial de Périgueux, écrivait en 1870, dans *Périgueux ville noble et libre :* « C'est ainsi que la ville de Périgueux, dont ses privilèges faisaient *une véritable république municipale*, voyait son indépendance affirmée par un acte qui semblait, au contraire, assurer sa sujétion. » Et plus loin : *C'était bien une république, mais une république aristocratique.*

De la même ville, M. Georges Bussière, mort conseiller à la Cour de Lyon, écrit (*Etudes historiques*, publiées en 1877) : *Dans cette république en miniature...*

Au cours de leur *Petite Histoire de Guyenne* parue il y a quelques mois, MM. G. Roques, inspecteur d'académie, et E. Bayle, professeur d'histoire au lycée de Périgueux, écrivent au sujet des municipes de l'Aquitaine gallo-romaine : *C'étaient en somme de petites républiques que rappelleront les communes du moyen âge.* Ils disent encore : « Brave, peu riche, orgueilleuse, la noblesse marcha sous les drapeaux du calvinisme pour piller églises et couvents et faire la guerre au roi de Paris ; les bourgeois s'y rangèrent *pour faire de leurs cités des républiques.* »

Le jeudi 12 février 1909, rendant compte des obsèques de Catulle Mendès, un journal qui, comme par hasard, s'appelle *la Petite République*, écrivait : « *Tout ce que la république des lettres et des arts* compte à Paris de gloires, de notoriétés ou seulement d'espérances a suivi hier, EN CORPS, l'enterrement de Catulle Mendès. »

Six mois plus tard, le 10 août, un autre journal qui porte en sous-titre « Journal de Paris » et qui, par conséquent, doit se piquer de parler le pur langage parisien du jour, *l'Intransigeant*, commençait ainsi un écho : « Petites nouvelles de la *république des lettres.* »

Ainsi donc (et nous pourrions multiplier les exemples à l'infini) nous voyons le mot *république* employé au sens de petite république, ou république intérieure, ou république intermédiaire, en 1789, sous la Restauration, en 1860, 1870, 1877, 1909 ; par un des maîtres de la Révolution, par un ultra, par un doctrinaire, par des fonctionnaires du second empire, par des fonctionnaires de la troisième République, par un journal politique et par un journal « parisien ».

Toutes ces républiques, « dont ne veut pas *la* République une et indivisible », comme dit Louis Veuillot, sont bonnes et légitimes. Au cours de tout ce siècle d'anarchie, elles ont été appelées — et par tout le monde — du seul nom qui leur convienne, du nom traditionnel de «république». Pourquoi ne pas continuer, aujourd'hui qu'elles renaissent ?

Tous les ligueurs de l'Action française, quel que soit le chemin par où ils soient venus à la Monarchie, acclament ce Philippe VIII, indifféremment, le « restaurateur de nos libertés » ou le « protecteur-né de nos républiques. »

APPENDICE V

SOUS-PRÉFECTURES ET DÉPARTEMENTS

(Page 48.)

« ... De quelle façon que les députés soient élus, le problème de la région restera insoluble tant qu'on s'obstinera à l'aborder du côté des sous-préfectures. En 1886, une Chambre supprima ce rouage administratif, ce qui fit tomber un ministère. De nouveaux ministres firent des promesses vagues de suppression partielle, et la Chambre *élue au scrutin de liste* n'insista pas. Bien des cabinets sont tombés depuis vingt-trois ans, aucune sous-préfecture n'a bougé. Un projet élaboré par le dernier ministère rêve d'en supprimer une centaine. Le rêve passera. La sinécure restera. De nos **275** chefs-lieux d'arrondissement, beaucoup n'ont d'autre gloire que leur sous-préfecture et la plupart ont de puissantes raisons économiques d'y tenir de toutes leurs forces. Ni les uns ni les autres ne se laisseront déposséder. Aucun gouvernement, je dis aucun, n'affrontera le mécontentement de

275 ou même de 100 villes ; aucun n'osera les atteindre au point sensible de leur être civil et de leur valeur nationale. Richelieu et le Comité de salut public s'y briseraient également.

« Je ne conseillerai à personne de s'y frotter...

« Il suffirait de répartir entre les sous-préfets une part des besognes dévolues aux préfets. Quels préfets ? Les préfets que l'on supprimerait. Les préfets de toutes les villes qui redeviendraient chefs-lieux d'arrondissement si l'on abolissait ce qu'il faut abolir, si l'on abolissait le rouage inutile et contre nature : le département. L'établissement des seize grandes régions emporte l'abolition des soixante-dix ou soixante et onze préfectures inutiles, mais il maintient toutes les sous-préfectures, les rajeunit, les ranime et les réorganise.

« En effet, pour que les résultats d'une décentralisation bienfaisante soient sentis des populations, il faut bien qu'elles en soient touchées dans leurs commodités immédiates. Il faut notamment qu'elles puissent accomplir désormais au siège de l'arrondissement toutes les démarches qui les obligent aujourd'hui à courir au siège du département. Les chefs-lieux de région, bien loin d'évoquer les affaires qui se traitent aujourd'hui dans les préfectures, deviendraient au contraire de véritables lieutenances de Paris et devraient régler la plupart des affaires qui se traitent présentement dans les bureaux ministériels. *Non seulement les avantages d'un tel régime ne sont pas discutables, car la simplification y éclate à tous les yeux, mais il devient aussi beaucoup plus facile de le réaliser en fait.*

« Son établissement ne se heurte pas à l'opposition des 275 sous-préfectures dont la résistance rallierait toutes les énergies du désespoir et de la faim. Au contraire, celles-ci donneraient leur collaboration ardente, car toutes, suivant ce système, monteraient en grade, gagneraient en importance et deviendraient, pour le cercle de l'arrondissement, des préfectures au petit pied. Les grandes villes qui aspirent à devenir capitales régionales ne seraient plus harcelées ni gênées par le murmure des réclamations des sous-préfectures, dont l'essaim les appuierait et les soutiendrait. Il ne resterait plus à vaincre que la résistance des soixante-dix préfectures sacrifiées. Mais d'abord leur sacrifice serait partiel, chacune conservant sa juridiction entière sur son arrondissement et pour quelques-unes, la différence serait insensible. Supposons Marseille rétablie à la tête des cinq départements de la région provençale : ce n'est pas à la préfecture des Alpes-Maritimes que tiennent la splendeur et la prospérité de Nice et de ses 130.000 habitants ; le chapitre des compensations serait donc à peine ouvert de ce côté. Il devrait être un peu plus étendu pour Avignon, par exemple, mais avec ses 48.000 âmes, la ville papale a des ressources et sa situation sur le Rhône permettrait de lui procurer sans difficulté d'amples dédommagements. Il n'y aurait d'embarras véritable que pour les préfectures de tout dernier rang, mais d'autant plus solubles que les cas seraient peu nombreux. Il se chiffreraient, au contraire, par cent ou deux cents dans l'hypothèse de la suppression des sous-préfectures : cent, deux cents sacrifices qu'on ne pourrait indemniser ! Des deux systèmes en présence, un seul est bon. Il ne va pas tout seul, car rien ne va tout seul, mais il pourrait aller, il est le possible. L'autre, en dépit des tentatives, n'a jamais pu faire un pas dans la vie, par la raison qu'il se heurte tout de suite à l'incapacité de tenir sur ses pieds... »

Charles MAURRAS, *l'Action française*, 13 novembre 1909.

APPENDICE VI

DÉCLARATION DES FÉLIBRES FÉDÉRALISTES

(22 février 1892.)

Monsieur le Président,
Messieurs les Félibres,

Ce n'est pas pour un toast que je me lève. Puisque le grand poète du Midi libertaire est monté à Paris, les jeunes félibres, au nom de qui je parle, veulent saisir cette occasion de dire clairement ce qu'ils ont sur le cœur et dans la pensée.

Voilà longtemps, monsieur le président et messieurs les félibres, que les jeunes gens mûrissent les idées que vous avez semées, et voilà longtemps aussi qu'ils souhaitent impatiemment de réaliser ces idées.

Depuis trente-sept ans le Félibrige existe. Depuis trente-sept ans on fait la Sainte-Estelle. Depuis trente-sept ans on boit la dernière bouteille du vin de Châteauneuf-des-Papes, on chante des chansons de guerre et, dans des poèmes qui ne mourront pas, on appelle au combat toutes les énergies de la terre d'Oc.

Nous avons entendu l'appel et maintenant nous allons dire, non pas comme autrefois devant des auditoires de frères et des assemblées de lettrés, mais dans les assemblées politiques et devant tout le peuple du Midi et du Nord, les réformes que nous voulons. Nous en avons assez de nous taire sur nos intentions fédéralistes, quand les centralisateurs parisiens en profitent pour nous jeter leur méchante accusation de séparatisme. Enfantillage et ignorance ! Nous levons les épaules et nous passons.

C'est pourquoi nous ne nous bornons pas à réclamer pour notre langue et pour nos écrivains les droits et les devoirs de la liberté ; nous croyons que ces biens ne feront pas notre autonomie politique, ils en découleront.

Voilà pourquoi, messieurs, avant toute chose, nous réclamons la liberté de nos communes ; nous voulons qu'elles deviennent maîtresses de leurs fonctionnaires et de leurs fonctions essentielles. Nous voulons qu'elles puissent remettre à leur place ces jolis messieurs qu'on appelle les sous-préfets. Et nos pauvres communes ne seront plus alors de simples circonscriptions administratives ; elles auront une vie profonde, elles seront de véritables personnes, et, pour ainsi dire, des mères inspirant à leurs fils les vertus, les passions ardentes de la race et du sang.

Il ne nous plaît guère non plus que nos communes soient reliées entre elles, au hasard, selon le caprice d'un soldat ou d'un rond-de-cuir. Non, messieurs, nous voulons que leur union se fasse suivant leurs affinités historiques, économiques, naturelles et, à bien les voir, éternelles.

Point de détours. Nous voulons délivrer de leurs cages départementales les âmes des provinces dont les beaux noms sont encore portés partout et par tous, — Gascons, Auvergnats, Limousins, Béarnais, Dauphinois, Roussillonnais, Provençaux et Languedociens.

Et ne croyez pas que ces vœux soient des regrets d'archéologues : les vieux partis ont souvenir des antiques divisions de la France, mais aussi les hommes d'Etat les plus révolutionnaires, les plus ardents à s'élancer sur le chemin de l'avenir, se sont hautement prononcés pour une plus raisonnable répartition du territoire national.

Il nous convient de saluer avec un grand respect, en dehors des luttes politiques et religieuses, la mémoire du maître Auguste Fourès qui vécut pour répandre et développer cette idée.

Nous sommes autonomistes, nous sommes fédéralistes, et si quelque part, dans la France du Nord, un peuple veut marcher avec nous, nous lui tendrons la main. Un groupe de patriotes bretons vient de demander, pour leur illustre province, le rétablissement des anciens États. Nous sommes avec ces Bretons. Oui, nous voulons une assemblée souveraine à Bordeaux, à

Toulouse, à Montpellier ; nous en voulons une à Marseille ou à Aix. Et ces assemblées régiront notre administration, nos tribunaux, nos écoles, nos universités, nos travaux publics. Si l'on objecte qu'un peuple ne revient jamais sur la voie qu'il a parcourue, nous répondrons que c'est le cas : nous ne travaillons pas pour copier les institutions d'autrefois, mais pour les compléter et les perfectionner.

Car nous ne sommes pas enivrés de mots ni de phrases. Ce qui nous meut, c'est le profond sentiment des intérêts nationaux. Nous attendons sans doute de notre idée la renaissance intellectuelle et morale du Midi, mais nous voulons quelque chose de plus : la complète mise en valeur des merveilleuses richesses de notre sol. Le provincialisme peut seul achever les grands travaux rêvés depuis cent ans et jamais accomplis : le canal des Deux-Mers pour la Gascogne et le Languedoc, le canal du Rhône à Marseille pour la Provence et le Dauphiné... Qui sait ? Peut-être que les discussions économiques qui déchirent présentement le pays de France pourront alors être réglées pour le bien de chacun et de tous. Allons plus loin : les deux ou trois questions sociales qui nous troublent le plus seraient de même résolues avec moins de difficulté.

Nous ne sommes pas les premiers dans cette espérance. Les chefs-d'œuvre de Mistral sont tout gonflés de cette idée. Nous envoyons au maître nos souhaits passionnés. Que Mistral ne l'ignore pas : la nouvelle génération, non contente de l'aimer et de l'admirer, le comprend.

Et vous, monsieur le président, vous qui fûtes des rares esprits par qui l'idée mistralienne ait été pleinement embrassée, sachez bien que nous sommes avec les héros de votre *Romancero*. Et nous entendons les soupirs de votre *Dame Guiraude* vaincue et jetée dans un puits par les hommes méchants « qui ont le poil roux » :

« Les gens mauvais de la croisade, — Les hommes qui ont le poil roux, — L'ont traînée, — Puis l'ont jetée avec courroux — Au fond d'un puits.

« Au fond du puits elle soupire encore ; — Alors les clercs et les ribauds, — Avec grande ire, — L'ont achevée à coups d'épieux — Et de cailloux.

« Il y a six cents ans qu'elle est accablée ; — Mais si, au bord du puits, vous allez écouter, — Sous le tas de pierres — Vous entendrez une voix chanter — La liberté. »

APPENDICE VII

Questionnaire soumis à l'appréciation des conseils généraux pendant leur session d'août 1912, à la demande de M. Paul Meunier, vice-président de la commission d'administration générale de la Chambre des députés :

I

DU POUVOIR DÉLIBÉRANT DANS LE DÉPARTEMENT

a) *Fonctionnement du conseil général.*

1. — Convient-il de modifier le régime actuel d'élection des conseillers généraux ?

Si le scrutin uninominal par canton doit être maintenu, faut-il que les cantons qui ont une population considérable aient un plus grand nombre de représentants que ceux dont la population est très faible ?

Et dans le cas spécial ou un canton aurait droit à plusieurs élus, faudrait-il que l'élection eût lieu au scrutin de liste par le canton tout entier ?

2. — Faut-il que la durée légale de la première session ordinaire des conseils généraux soit supé-

rieure à quinze jours ? et celle de la seconde supérieure à un mois ?

3. — Faut-il que la durée des sessions extraordinaires soit limitée à huit jours ?

4. — Faut-il que la majorité en exercice du conseil général ait le pouvoir de décider la tenue d'une session extraordinaire ?

5. — Faut-il que le droit de convoquer le conseil général soit attribué à son président ?

6. — Faut-il maintenir au gouvernement le pouvoir de dissoudre un conseil général ?

Et dans le cas où le droit de dissolution serait aboli, faudrait-il conférer au gouvernement, en prévision de cas exceptionnels, un pouvoir limité de suspension ?

b) Attributions du conseil général.

7. — Faut-il que toutes les délibérations du conseil général, *sans aucune exception*, soient exécutoires par elles-mêmes, et sans qu'il soit jamais besoin de les soumettre à l'approbation du pouvoir central, mais sous la réserve du contrôle de ce dernier, en ce qui concerne le vote des dépenses obligatoires ?

8. — Faut-il que les délais fixés pour l'exécution des délibérations du conseil général par les articles 47 et 49 de la loi du 10 août 1871 soient réduits ?

9. — Faut-il que le conseil général ait le pouvoir de modifier les circonscriptions des communes et la désignation des chefs-lieux communaux, sauf recours des intéressés auprès du pouvoir central ?

10. — Faut-il que le conseil général ait le pouvoir de régler tout ce qui concerne la soumission du régime forestier des propriétés communales ?

11. — Faut-il que certaines modifications soient opérées et que certains tempéraments soient apportés dans la fixation des dépenses qui sont obligatoirement imposées au département, notamment pour l'entretien de certains bâtiments de l'Etat ?

II

DU POUVOIR EXÉCUTIF PRÈS LE CONSEIL GÉNÉRAL

1. — Sans modifier d'aucune manière les attributions que notre législation confère au préfet comme représentant du pouvoir central et sans lui retirer son droit d'entrée, de parole et de contrôle au conseil général, faut-il confier à la commission départementale, ou au président de cette commission, ou à tout autre délégué du conseil général, l'instruction préalable des affaires qui intéressent le département, ainsi que l'exécution des décisions du conseil général et de la commission départementale?

2. — Faut-il que le pouvoir actuellement conféré au préfet d'accepter les dons et legs, d'ester en justice au nom du département, de délivrer des mandats de payement ou des ordonnances de recouvrement, de dresser les comptes et budget du département, soit transféré à un délégué ou ordonnateur élu du conseil général?

III

DES RÉGIONS ADMINISTRATIVES

1. — Par une extension naturelle des dispositions du titre VII de la loi du 10 août 1871, qui prévoit

des ententes entre plusieurs conseils généraux sur des objets d'utilité régionale, convient-il, sans porter aucune atteinte aux droits et attributions des conseils généraux et sans modifier l'organisation départementale, de créer de grandes régions administratives ?

2. — Ces régions, pourraient-elles coïncider, par exemple, avec les circonscriptions des académies universitaires ?

Ou bien, les conseils généraux, consultés, voudraient-ils indiquer comment pourrait être constituée la région qui intéresse plus particulièrement chacun d'eux ?

3. — Comment faudrait-il créer le pouvoir délibérant dans la région ?

Quelles seraient ses attributions ? et qui serait chargé d'exécuter ses décisions ?

Faudrait-il constituer une assemblée spéciale élue au suffrage universel ? ou faudrait-il, à titre transitoire, se contenter de former le conseil régional par nos conseils généraux des départements intéressés, réunis, chaque année, en assemblée unique ?

Les attributions des conseils régionaux pourraient-elles comprendre d'abord toutes les questions d'intérêt commun que les conseils généraux peuvent déjà étudier ensemble, *en vertu de la loi actuelle ?*

Ensuite toutes les autres questions que le pouvoir central pourrait leur déléguer pour alléger l'ordre du jour écrasant des deux Chambres, et pour diminuer la besogne sans cesse grandissante des ministères et du Conseil d'Etat ?

Enfin, le pouvoir exécutif ne pourrait-il pas être confié, dans sa région, au préfet du chef-lieu régional ?

Ces diverses mesures de large et prudente décentralisation n'auraient-elles pas, pour résultat, d'accélérer la solution d'une foule de questions administratives importantes qui se trouvent arrêtées à Paris par le formidable encombrement des affaires et, par suite d'une meilleure répartition du travail, d'apporter plus d'initiative et d'activité et plus de progrès et de bien-être dans la vie de la nation entière ?

APPENDICE VIII

LA RÉFORME ÉLECTORALE

Au temps où je menais l'*Enquête périgourdine sur la Monarchie*, un républicain, opposant au nôtre son programme démocratique, m'écrivait (10 février 1908) :

« Réformer les mœurs en substituant le scrutin de liste au scrutin d'arrondissement, source de toute corruption ; en établissant la représentation proportionnelle, etc. »

Je lui répondis :

M. de Lacrousille, il est vrai, prétend ruser avec ces institutions ruineuses. Le scrutin d'arrondissement avilit ? fait-il. Qu'à cela ne tienne. Supprimons cette « source de toute corruption ». Et vive la représentation proportionnelle !

La belle réforme... *Le Temps*, le grave, le parlementaire *Temps*, la traite de « remèdes de bonne femme ». On ne voit guère, en effet, quel avantage sensible résulterait du scrutin de liste. Ce nouveau mode n'empêcherait pas les élections de se faire dans le cabinet du préfet. Nos bons Quinze-Mille, déjà syndiqués avec les conseillers généraux, d'arrondissement et municipalités, se syndiqueraient entre eux. D'un bout à l'autre du département, ce serait *le voter pour tels et tels est voter pour moi* que nous trouvons dès aujourd'hui en usage dans l'arrondissement, comme nous le retrouvons dans le canton et dans la commune. Au lieu d'être élus par 5.000 ou 10.000, les candidats en recueilleraient 50.000 ou 80.000. Ils reviendraient à la Chambre du même pas assuré. Et, revenus à la Chambre, ils seraient assiégés des mêmes sollicitations.

Pourquoi l'immense majorité républicaine repousse-t-elle le scrutin de liste? Elle n'a pas oublié qu'il favorisa le boulangisme; elle craint qu'il ne favorise encore une poussée dangereuse pour la République. Mais elle omet une chose : le mécanisme démocratique n'avait pas atteint son fonctionnement normal, qui est purement de faire participer l'électeur, dans des conditions réglées, à la liquidation du capital social. Depuis lors, au fur de l'expérience, l'électeur a vu clair dans l'opération. Il tient désormais le mot de l'énigme. Il sait qu'il ne faut pas demander au système autre chose que ce qui est de la nature du système électif de donner. Il a banni toute visée de politique supérieure. Il ne songe plus qu'à ses petits profits : places, décorations, subventions, etc. Il vote donc pour le député que lui indiquent son conseiller général et son maire, comme il vote pour le maire que lui indiquent le député et le conseiller général, comme il vote pour le conseiller général que lui indiquent son maire et son député. Il a adopté l'esprit de la maison. Qu'irait-il, dans un but de politique transcendante, déranger une combinaison qui fonctionne si régulièrement et si avantageusement? A cela le scrutin de liste ne changerait rien. L'engrenage démocratique est tel. Il faut le subir ou renoncer à la démocratie.

Au scrutin de liste, paraît-il, serait liée la représentation proportionnelle. Pas celui-là sans celle-ci. Et voilà qui, pour certains, devient plus grave. La représentation proportionnelle, c'est l'adversaire dans la place, c'est le contrôle. Les républicains préfèrent opérer tout seuls. — Pratiquement, si la majorité est assez forte (il dépend d'elle-même qu'elle le soit), une minorité ne la saurait gêner. Un peu de cynisme suffit. Voyez Briand disant l'autre jour à Biétry, qui acceptait le renvoi de son interpellation : « Quand vous n'accepteriez pas... » La minorité de la Chambre actuelle et du Sénat est, je pense, assez impuissante! Mais dix unités de plus ne la feraient pas terrible. Et l'invalidation est là pour parer aux éventualités.

Remèdes de bonne femme. En vérité oui, *le Temps* a raison, « remèdes de bonne femme ». Ce ne sont pas encore ceux-là qui guériront les « blessures » de la France.

Au reste, ces remèdes auraient-ils quelque efficacité, il s'agit de pouvoir les employer. Redisons-le, on n'en veut pas. Ces habitudes corrompues qu'un nouveau mode électoral réformerait consolident de tout leur poids le mode présentement en vigueur. L'adoption du principe réformateur suppose la transformation préalable de ces mœurs qu'il serait chargé de réformer. La démocratie tourne dans un beau cercle !

TABLE DES MATIÈRES

	Pages
AVERTISSEMENT, par R. de M.	v
INTRODUCTION : Lettre à Charles Maurras	IX
BIBLIOGRAPHIE	XVI

CHAPITRE PREMIER. — L'Ancien Régime et la Révolution.	1
CHAPITRE II. — Histoire de Cent Ans : 1814-1914.	28
CHAPITRE III. — L'Encliquetage	116
CHAPITRE IV. — Que la République a centralisé	140
CHAPITRE V. — Paroles de socialiste	154
CHAPITRE VI. — A l'étranger	162
CHAPITRE VII. — Notre système : Les Républiques.	191
CHAPITRE VIII. —	228

APPENDICES

I. Le Régionalisme et les électeurs	233
II. Spiritisme politique et réorganisation française.	237

III. La Centralisation dans la législation suisse. 241
IV. Les Républiques intermédiaires. . . . 245
V. Sous-Préfectures et départements . . . 250
VI. Déclaration des Félibres fédéralistes . . 254
VII. Enquête près les conseils généraux . . 259
VIII. La Réforme électorale 264

ACHEVÉ D'IMPRIMER
PAR
L'IMPRIMERIE CHARLES COLIN
A MAYENNE
POUR
LA NOUVELLE LIBRAIRIE NATIONALE
A PARIS
LE VINGT ET UN SEPTEMBRE 1916

www.ingramcontent.com/pod-product-compliance
Lightning Source LLC
Chambersburg PA
CBHW050631170426
43200CB00008B/969